国家安全知识
简明读本

GUOJIA ANQUANZHISHI
JIANMING DUBEN

国家安全知识简明读本

中国海外利益

李 涛 著

国际文化出版公司

·北京·

图书在版编目（CIP）数据

中国海外利益/李涛著. —北京：国际文化出版公司，2013.6
（国家安全知识简明读本）
ISBN 978-7-5125-0291-8

Ⅰ.①中…　Ⅱ.①李…　Ⅲ.①中外关系-利益关系-基本知识
Ⅳ.①D822

中国版本图书馆CIP数据核字（2013）第060838号

国家安全知识简明读本·中国海外利益

作　　者	李　涛
责任编辑	赵　辉
特约策划	马燕冰
统筹监制	葛宏峰　刘　毅　刘露芳
策划编辑	周　贺
美术编辑	李丹丹
出版发行	国际文化出版公司
经　　销	国文润华文化传媒（北京）有限责任公司
印　　刷	河北锐文印刷有限公司
开　　本	700毫米×1000毫米　　　　16开
	14印张　　　　　　　　　192千字
版　　次	2014年9月第1版
	2018年12月第2次印刷
书　　号	ISBN 978-7-5125-0291-8
定　　价	36.00元

国际文化出版公司
北京朝阳区东土城路乙9号　　邮编：100013
总编室：（010）64271551　　传真：（010）64271578
销售热线：（010）64271187
传真：（010）64271187-800
E-mail：icpc@95777.sina.net
http://www.sinoread.com

目　录

第一章 中国海外利益的相关理论

改革开放三十多年来，中国与国际体系的互动日益紧密，中国与外部世界的关系发生了史无前例的变化，中国政府、企业、民间组织、公民的国际活动空间得到了前所未有的拓展，延伸至海外的中国国家利益急剧扩大，海外利益越来越成为国家发展利益的重要组成部分。海外利益所面临的风险和相应的维护，也成为当前不容忽视的重大课题之一。因此，如何正确审视、看待中国海外利益的内涵、发展与变化就显得尤为重要。

第一节 海外利益与国家利益

一、国家利益的界定

国家利益是国家安全战略的核心，它是一个国家维护和创造本国大多数居民共同生存和发展必需的各种因素的综合，是一个主权国家的生存与发展全部需求和意志的集中体现，因此大多数国家都把国家利益视为对外关系的基本目标。国家利益是国际关系学中的核心概念之一，不同国家对国家利益的认识是不同的，即使在同一国家内部，不同社会群体的国家利益观也是有所区别的。目前为止，学界尚未就国家利益的基本内涵达成共识。

国家利益是有着特定内涵和外延的综合性概念，国家利益的内涵是国家利益概念的根本，有着自身独特的共识性和稳定性；外延是国家利益内涵的一种自然延伸，随国内形势和国际形势的发展而变化，具有动态性。

（一）国家利益的内涵

关于国家利益的内涵，西方学术界主要有三种不同的观点：第一，把国家利益简单地等同于政府对其后果负责的政策，也就是说国家利益是政府的最高决策者所钦定的内容；第二，与现实主义学派相联系，根据国际关系的性质和国家动机的有关基本假定来认识国家利益，认为国际无政府状态决定了安全成为国家最主要的对外政策目标；第三，国家利益的认证规则是由政治过程的原则提供的，政治过程具有独立的规范伦理，并具有民主程序。国家利益最确切的含义在于它是国家偏好的真实表达。[1] 虽然现实主义关于"权力界定利益"的研究路径具有一定的代表

---

[1] Griffiths M, O'callaghan T. International Relations : The Key Concepts. London and New York: Routledge, 2002, p204.

性，但是它对国家利益内涵的界定明显存在将复杂辩论过分简单化的倾向，这里至少存在两个问题：首先，这种方法经常陷入同义反复，因为国家利益经常根据权力来界定，同时权力也根据利益来界定；其次，现实主义方法的自由意志与决定论之间存在重大分歧，如果国家利益的确是由追求权力所决定的，那么领导者就不必遵循现实主义所界定的国家利益。如果领导者必须这样去做，那么无政府状态所谓的制约因素就不能够成为界定国家利益的基础。

对于国家利益内涵的界定，笔者认为应该坚持两个原则：

第一，用各种客观对象的总和作为利益的上位概念。首先，利益具有客观性，独立存在于人们的主观意志之外，并不是人们的一种主观需求，而是被人们主观需求认定的客观对象，国家利益与国家需求之间有着必然联系，但是二者之间不能划等号。其次，利益包罗万象，有物质的，也有精神的；有国内的，也有国外的；有经济的，也有政治的和军事的；有现实的，也有长远的或者潜在的。总之，国家需求所认定的一切东西，都包括在国家利益的范畴之内。因此，国家利益是一个覆盖范围极为宽泛的抽象概念，它的上位概念也必然用一个涵盖范围更为宽泛的抽象概念才能说明。

第二，遵循精简的原则。国家利益是一个十分复杂而抽象的概念，它的外延范围很广，包括的内容很多，因而它的内涵应当小而准确，它的定义应当尽可能地简明扼要。因此，在把握国家利益基本内涵的基础上解释其概念时，应该是使用的限定词越少越好。

因此，国家利益是一个民族国家（Nation-State）相对于其他民族国家而言所规定的客观因素的综合。这一界定包含着四个层面内容：首先，国家利益的载体只能是国家，而不是政府、阶级、集团；其次，国家是在国际政治意义上使用的民族国家（Nation-State），而不是政治国家以及非国家行为体；再次，国家轻视绝对利益，注重相对利益，也就是说保持自己相对于其他国家的权力地位或权力差距；最后，国家利益是有物质内容的，是某种特定客观实在的综合。

（二）国家利益的外延

关于国家利益的构成的争论，如同民族国家一样古老。[1]认识国家利益的基本构成及其表现形式的角度是多样的，不同的认识与判断标准会产生不同类型的国家利益构成层面。根据国家利益的时效性，可将其分为永恒利益和可塑利益；根据国家利益的强度，可将其分为生存利益、重大利益、主要利益、次要利益等。目前，学术界很多学者根据层次分析法将国家利益的外延分为四个层面：安全利益、经济利益、政治利益、文化利益。

第一，安全利益是一个国家生存和发展的基本条件，是核心利益。它包括两个方面：其一，保护本国国土不受利益侵犯，维护国家主权独立和领土完整，保证国内政治、经济、科技和文化的和平发展，保证人民和平安定的生活。其二，维护国家的战略安全。战略安全包含两层意义，防止卷入军事冲突或战争和防止出现对自身不利的周边环境或国际环境。

第二，经济利益是一国的生存和发展的物质力量。经济利益是经常性利益，是一国利益的基本内容，包括对内维护自主发展经济的主权和对外维护经济交往稳定、发展的权利。经济利益的范围很广，但主要包括内外两个方面：一方面，对内维护独立、自主发展民族经济的主权，维护本国领土、资源和能源主权，保障国内经济发展的必要条件，推动社会经济的发展和人民生活水平的提高，实现国富民强；另一方面，在对外经济交往中，维护国家在世界经济中的相应地位，保障对外贸易、投资、货币金融关系的稳定发展。

第三，国家的政治利益是国家利益不可缺少的组成部分，其主要内容是维护国家现有的社会制度和占统治地位的意识形态，并力争使其影响扩大到更大的范围。其具体内容主要包括：维护主权独立和完整，防止任何外来的控制和干涉；维护国家在国际社会中的应有地位，在国际事务中发挥应有的作用。

---

[1] Exuberance S. Pursuing the National Interest in the1990s，Frankel B, ed. In the National Interest: A National Interest Reader. Washington: The national Interest，1990.

第四，文化利益是国家在精神领域的追求和需要，是最具弹性的利益层面，主要包括维护本国意识形态、保持本国文化传统、维系本民族认同感和凝聚力等内容。文化与利益虽然不属于同样的范畴，然而文化利益却是国家利益的重要组成部分。这种利益包括：意识形态的维护，历史文化传统的保持，民族认同感的确立和维系，与安全、经济、政治密切相关的各种文化现象等等。

安全利益关系着国家的生存，是最根本的国家利益，只有国家安全得到保障，才谈得上国家的其他利益。经济利益关系到国家生存和发展的物质基础，维护经济利益，促进经济的繁荣和发展，不仅有利于保障国家安全，维护政局稳定，而且也为国家安全、政治、文化利益的实现提供了强大的物质保障。国家的政治利益既是统治阶级利益的体现，也是全民利益的保障，作为国家上层建筑的组成部分，对其他的利益具有重要的影响。文化利益表现为最次级的利益，一方面受到国家安全、经济、政治利益的制约，同时又反映、体现着其他利益，并为国家安全、经济发展和政治稳定服务。

二、国家利益内涵与外延的关系

在一定时期内，国家利益具有质的规定性和相对稳定性，变化的只是其构成要素或者实现形式。汉斯·摩根索在《政治学的困境》一书中写到："变化过时了的是利益与已逝历史现象之间的历史的、有条件的联系，没有也不可能过时的是利益与对外政策之间的逻辑的、必然的联系……关于利益的思想实际上是政治学的精髓，就此而言，它不受时间和空间的影响。"[1] 汉斯·摩根索所强调的，正是历史条件的变化只会改变国家利益的表现或者实现形式，而不会改变国家永久地追求其核心利益这一事实。正是由于国家利益保持着一定的连续性，人们才有可能以此对国家的外交政

---

[1]［美］汉斯·摩根索著，徐昕等译：《国家间政治——寻求权力和平的斗争》，中国人民公安大学出版社，1990年版，第212页。

策作出理性说明，否则国家利益就失去了作为一个国际政治核心概念的意义了。

各种国家利益的排列次序并非固定不变，而是随着环境的变化会发生不同程度的调整。当一个国家领土主权遭到威胁时，国家安全就成为核心利益；当一个国家的安全利益得到保障，国家利益的侧重点就偏向经济利益的维护。尤其对大国而言，其国际地位受到尊重尤为重要，文化上的认同会服务于该国经济的发展、国家的安全和政治的稳定。当国家利益的外延层面发生变动时，该国对外政策的选择也将进行相应的调整。在全球一体化时代，随着国际政治由高级政治向低级政治的转移，"国家中心主义利益观"开始受到"人类共同利益观"挑战的事实，为国家利益层次的经常性变动提供了时代背景。

三、国家利益的国际拓展——海外利益的凸显

（一）国家利益具有国际性

全球化进程给人类社会带来了根本性的变革，全球化的实质是全球的经济行为开始跨越政治上以民族国家为主体的国家和地区的边界，把整个世界更紧密地从经济结构的深层次上连接起来，从而进一步在政治制度、思想文化、意识形态等方面产生全球性影响的过程。国家利益的内涵和外延随着历史的演进都在发生着变化，国家利益的国际性在历史过程中产生并在全球化时代凸显出来。由于国家利益具有变化性，其变化的范围不受一国领土界线的限制，因此，国家利益既有国内部分，如领土安全、国家的统一、主权的完整等，又有领土之外的国家利益，如稳定的国际秩序、出口市场、海外资源来源地等等。在国际政治中的国家利益主要部分都是在一国领土之外的。[1] 因此，国家利益具有国际性，其国际性是指国家利益在形式、内容和实现手段上超出一国的领土范围，表现为跨国性的趋势。

---

[1] 阎学通：《中国国家利益分析》，天津人民出版社，1996 年版，第 37 页。

（二）全球化推动国家海外利益的凸显

全球化从四个方面对国家利益国际性的凸显发挥了基础性的作用。首先，新技术革命导致了地域空间的压缩化。国际地域空间压缩化的突出表现，就是随着交通工具和通信手段的变革，人类物质和信息交流的时间和环节明显减少，为国家利益国际性的凸显提供了基本的地理基础。其次，全球化带来了国际利益的交融化。世界经济全球化和区域经济一体化是当今世界并行不悖的两个发展趋势，经济全球化冲破了国界，摆脱了疆域束缚，国际资本的高度流动性、跨国公司的全球扩展，使得国际间共同利益相互扩展和延伸，在一国疆域内，必然也会有他国利益的客观存在，国际利益呈现出交融化的趋势，这一点在经济和文化等领域表现得尤为突出。国际利益的交融进而推动了国际制度的建构，从而推动了国家利益国际性的凸显。再次，全球性问题伴随全球化的发展日益凸显，主要包括：恐怖主义、环境污染（卫生安全）、跨国犯罪和贩毒、大规模杀伤性武器扩散、人口和难民问题等，具有全球性、客观性和危害性等特征。全球性问题的发展促进了人类利益的公共化，推动了人类安全利益的拓展和公共化。最后，全球化促使人类社会结构和交往方式网络化。全球公民社会的兴起和跨国利益集团的涌现，表明社会结构具有了更多的跨国意义，人类社会结构正在由传统的"平行线"型结构向"网络"型结构转换，信息时代的网络建构了网络社会这一新的社会结构。总之，当代国家利益的国际性主要表现在两个方面：其一，一国的国家利益越来越多地向领土以外延伸；其二，一国的国家利益的实现越来越多地取决于国际形势等外部因素。

国家利益的国际性在历史过程中产生并在全球化时代凸显出来，向着全球、地区和超国家层面发展，一国国家利益超出该国地理界限在境外延伸出来的那部分国家利益称之为"海外利益"，它是国家利益的重要组成部分。随着全球化的深入，世界各国尤其是大国，对国家利益国际性和国际拓展予以高度关注。美日等发达国家将一国"海外利益"的范围界定包括：海外公民侨民的人身及财产安全；国家在境外的政治、经济及军事利益；

驻外机构和公司企业的安全；对外交通运输线及运输工具安全等等。一国境外工作人员、侨民以及相关机构等是该国海外利益的主要载体。依照国家利益的组成，海外利益包括海外经济利益、海外政治利益、海外安全利益和海外文化利益。

第二节 中国海外利益的内涵和特征

一、中国海外利益的内涵

对于海外利益，学界的观点主要分为如下几种：第一种是以门洪华为代表，以国家利益为逻辑起点来定义海外利益，认为"海外利益是国家利益的延展"[1] "是中国国家利益的海外部分"；而第二种则是以陈伟恕为代表，以地域来定义海外利益的观点，该观点认为，中国海外利益即中国的境外利益，是指在有效的中国主权管辖范围之外地域存在的中国利益，即以边境和海关为界而划分的，[2] 然而这种海外利益并不等同于国家利益的海外部分，不与国家境内利益相对应，因其本身还包括"国家层面、法人层面、个人层面的利益之分"，[3] 因此其要比国家利益中的海外利益具有更宽的范畴。苏长和在《中国海外利益研究年度报告（2008～2009）》一书中所给出的界定为：中国海外利益是指中国政府、企业、社会组织和公民通过全球联系产生的，在中国主权管辖范围以外存在的，主要以国际合约形式表现出来的中国国家利益。[4] 张曙光则认为，国家的海外利益是国家对外与安全利益的自然与必然延伸，而非一般意义上经济利益的拓展，其

---

[1] 门洪华、钟飞腾：《中国海外利益研究的历程、现状与前瞻》，载《外交评论》2009 年第 5 期，第 59—61 页。

[2] 陈伟恕：《中国海外利益研究的总体视野———一种以实践为主的研究纲要》，载《国际观察》2009 年第 2 期，第 8 页。

[3] 陈伟恕：《中国海外利益研究的总体视野———一种以实践为主的研究纲要》，载《国际观察》2009 年第 2 期，第 9 页。

[4] 汪段泳、苏长和主编：《中国海外利益研究年度报告（2008—2009）》，上海人民出版社，2011 年版，第 32 页。

中可分为核心海外利益、重要海外利益、边缘海外利益。[1] 耶鲁大学陈志武教授认为，在当今的国际环境下，中国的海外利益具体包括四大方面，分别是人员生命安全、财产安全、能源供应和海外市场的拓展，主要强调海外利益是国家利益的延伸。[2] 这是目前学界对海外利益具有代表性的定义，既有从现实主义和重商主义角度着眼，从外部为海外利益进行定义；还有从国家内部的经济政治需求之延伸来理解海外利益，并依据其重要性进行分类。虽然都能够在一定程度上说明问题，但也都并非完整或精确。目前中国的海外利益不仅是国家安全和经济利益的向外拓展，还涵盖那些在海外自主生成的与中国或中国人有关的利益；同时海外利益要强调国家的作用和国家利益，但公民个人的权益也应被提到更重要的位置来考量；此外中国的海外利益不但包括有形的商业利益，同时也包括无形的国际认同利益。综而论之，笔者以为，海外利益就是指一个国家的利益跨越地域限制而在其他主权国家内的一种利益存在，本质是国家利益的海外延伸。中国海外利益应包含两部分内涵：一是海外直接利益，包括政府、企业、社会组织和公民在外的财产安全、人身安全、合法的商业利益等直接利益；二是海外国家权益，是指满足国家发展所需战略资源的获取权。主要包括了国家战略需求、发展空间和利益关系、国家和地区稳定关系、国家形象、国际制度能力和对重要战略地理位置和交通要道的影响力等。本书将从中国海外公民的人身和财产安全利益、中国海外经济利益、中国能源安全利益及中国软实力建设与中国海外利益维护方面对中国海外利益的拓展与维护状况进行全面描述与分析。

二、中国海外利益变化趋势

随着中国国家实力的不断发展以及国际形势日新月异的变化，中国的

---

[1] 张曙光：《国家海外利益风险的外交管理》，载《世界经济与政治》2009 年第 8 期，第 6—12 页。
[2] 周程：《审视中国的海外利益》，载《国际融资》2005 年第 7 期，第 24—28 页。

海外利益也是处在不断发展和变化之中。从新中国成立至今的海外利益变化中，主要呈现以下两方面的变化趋势：

（一）性质上的变化

中国海外利益已从最初十分突出政治意义转变为经济与文化意义同时凸显。这主要体现在改革开放前后，发展经济以提高综合国力成为当时中国政府最为关注的中心工作，经济利益开始成为占据主导地位的国家利益，相应的，在海外利益中也是如此。以往单纯重视意识形态、社会制度等因素的做法并不符合中国国力发展的现实需要，也不符合世界经济一体化进程的要求。改革开放以后，随着中国经济的高速增长，经济开放度不断加大，中国对国际经济的依存性增大，当前席卷全球的经济危机使得世界各国开始更加注重经济合作，以最小化经济危机为本国经济带来的负面影响。这也在客观上要求中国必须重视海外利益的经济性，这也完全符合中国的国家利益。

进入 21 世纪以来，"软权力"建设和文化外交成为了许多国家开始探讨的新课题，中国也开始越来越多地注意树立良好的国际形象，由此产生的不断创新的中国式外交和理念对中国以外的世界产生着巨大影响。约瑟夫·奈曾指出，冷战后一个国家的军事力量、自然资源等"硬权力"因素在国家间竞争中的地位正在下降，而以包括文化、意识形态、知识体系等因素在内的"软权力"的地位在明显上升。中国所追求的世界大国地位，必定内在地要求中国在文化上也是一个大国，这关系到中国能否以大国身份以及以何种方式跻身于世界大国之林的关键所在。[1] 在和平年代，对文化的强调在实现国家利益方面发挥的作用越来越大。以孔子学院为例，得益于几千年的中华灿烂文明，以及中国人对自我价值的肯定，对中国传统文化的肯定，从 2004 年底开始，中国开始在海外积极设立汉语推广机构"孔子学院"。截至 2010 年 10 月，各国已建立 322 所孔子学院和 369 个孔子

---

[1] 李继东：《软权力与国家利益——儒学的借用》，见许嘉主编：《中国国家利益与影响》，时事出版社，2006 年版，第 175 页。

课堂，共计691所，分布在96个国家（地区）。[1]孔子学院是中国文化有计划、有系统走向世界的一个重大举措，世界各地的汉语爱好者正是通过这个平台得以学习汉语，并开始了解和学习中国的文化、历史、书法、绘画、哲学、气功和太极拳等课程。观念认同的效用是巨大的，目前中国海外利益正在全世界各地不断发展，孔子学院在世界各地的开办不仅成为了中国与各个国家之间文化交流的重要纽带，而且在带动当地社会对中国语言文化的认同方面，甚至对中国政治制度和意识形态的认同方面都起着重要作用。

除孔子学院外，中外积极推广的"文化年"和"国家年"活动，都是中国文化利益拓展的积极举措，在当前中国海外利益拓展和维护中经济意义凸显的同时，文化意义也逐渐显现并增强。

（二）范围上的变化

中国海外利益由传统的重视陆地安全向陆地与海洋安全并重上发展。这一趋势为中国的海外利益变化在安全方面的体现。中国的海洋安全既包括中国的领海安全也包括中国的海上运输通道安全。按照中国所处的地理位置和环境气候，中国应属于陆地国家，因此在历史上，中国一直高度重视陆地安全，建立边防要塞以防止敌人的陆路进攻。事实上，中国不仅是一个陆地大国，也是一个拥有1.8万千米海岸线和300多万平方千米管辖海域的海洋大国。六百多年前，郑和七下西洋的伟大壮举打开了中国通往世界的海上通道，向世界宣传了中国的"和合"思想。元末明初至清朝前后四百年的禁海政策，使近代中国几乎完全处于闭关锁国的封闭状态，严重束缚了中国海上力量的发展，与此同时西方列强却逐渐走上了海洋强国之路。鸦片战争及后来的多次海战使中国被动打开了国门，古代中国虽然海洋意识高涨，近代却急剧衰落。20世纪以来，世界各国尤其是西方强国依仗强大的海上力量，不断扩大其势力范围，对海域的争夺日趋激烈。进入21世纪，海上利益已经不仅限于海上财富通道之争，而是逐渐发展

---

[1]《孔子学院概况》，网络孔子学院 (http://college.chinese.cn/article/2009-10/23/content_77852.htm)

到如今对海洋本身的资源之争、主权之争。[1]

当前中国面临的首要问题即是生存和发展，生存空间和发展空间的扩大要求我们将注意力从陆地部分地转移到海洋上去。长期存在的海上安全威胁和大国势力的不断侵入，使得我国海上安全形势日益复杂，东海的台湾问题、南海利益争夺以及保护贸易航线等越来越成为我国的重大战略问题。因此，中国应在陆军能够确保国家领土安全和对周围国家的有效战略威慑的前提下，同时分配适当的资源到海上力量的建设上，以保卫海上方向安全、维护领海主权和海洋权益以及保障海上运输线的安全。

中国海外利益由国家层面向国际层面发展。从过去十几年到未来几十年里，国际社会面临的最突出的挑战是全球公共问题和公共产品，[2] 如防止大规模杀伤性武器的扩散、反对恐怖主义问题、解决全球气候环境以及公共卫生等问题。这些全球性公共问题涉及国际社会每个成员的利益，它不可能仅靠一国的力量加以解决，需要所有行为体都主动承担更多国际责任并加强合作。中国作为国际体系的一名成员，不可避免的同样面临这些挑战。相应的，在此意义上，中国国家利益开始逐渐从多个领域向国际层面发展，对海外利益的拓展和维护也从最大化本国利益，促进国内经济社会发展建设的国家层面考虑，上升到通过承担适度的国际责任与加强国际合作来解决全球公共问题，促进世界人民整体利益更好的实现，促进共建和谐世界。

传统的领事保护理念向"以人为本"进一步发展，外交部门更加注重推动经济等各领域的全方位合作发展。随着中国经济水平的迅速提升和规模的不断扩大，参与国际活动日益频繁，旅居海外的华人华侨以及大陆公民出国旅游人数不断增加，出国留学人数持续增长。其中随着近年来中国对外投资大量增加、对外承包工程和劳工合作从无到有，海外劳工权益保护问题也日益凸显。根据《2009 年世界华商发展报告》数据显示，全球

[1] 倪建中：《海洋中国——文明重心东移与国家利益空间》，中国国际广播出版社，1997 年版。
[2] 杨洁勉：《大体系——多级多体的新组合》，天津人民出版社，2008 年版，第 70 页。

华侨华人约有4800万，是海外移民人口数最多的国家。[1]中国人在海外发生的人身安全以及财产方面受到威胁的概率大增，领事保护工作面临着比以往任何时期都更艰巨的挑战。2007年8月23日，外交部领事保护中心在原有的领事保护处的基础上宣告成立,[2]正是我国政府为更好地将"以人为本"、"外交为民"思想体现在具体的领事保护事务中的尝试性努力。2008年12月26日，中国政府为保护航经亚丁湾、索马里海域的中国船舶、人员安全，保护世界粮食计划署等国际组织运送人道主义物资船舶的安全，开始派海军舰艇赴该海域实施护航。时任外交部发言人秦刚在外交部例行记者会上称："中国政府派遣军舰正是'以人为本'、'外交为民'的外交政策的体现。"在2010年年初的海地大地震撤侨以及2011年2月利比亚内乱大撤侨工作中，中国政府及时启动部级联席会议机制和海外领事保护机制，迅即采取切实有效措施，全力保障中国海外人员生命财产安全及国家利益。

除了完成领事保护工作的任务，中国驻外使领馆在促进中国对外经贸合作方面发挥着越来越重要的作用。《维也纳外交关系公约》以及《维也纳领事关系公约》中分别规定了外交代表和领事代表的职责，其中包括有代表派遣国、保护派遣国国民利益、调查、促进派遣国与接受国友好关系等。[3]这是以国际公约的形式对各国进行领事保护在法律上予以确定，也明确地体现了各国驻外机构对外维护海外利益的传统领域。在经济事务逐渐在全球事务中占据首要地位，经济实力决定了国家实力的今天，驻外的外交或领事机构和代表已经从过去更加注重对本国公民或法人在派遣国的利益的维护，以及完成信息搜集、调查等主要任务，发展到今天需要主动出击，促进与保障派遣国与特定接受国在政治、军事、经济、文化等方面的合作，积极拓展中国的海外利益。

[1] 中国新闻社课题组：《2009年世界华商发展报告》，中国新闻网 (http://www.chinanews.com/zgqj/news/2010/05-20/2293574.shtml)，2010年5月20日。

[2] 外交部政策研究司主编：《中国外交2008》，世界知识出版社，2008年版，第296页。

[3] 鲁毅：《外交学概论》，世界知识出版社，2004年版，第99页。

三、中国海外利益拓展与维护的重要性

全球化的深入发展以及冷战后复杂的国际局势，是中国新外交形成的国际环境因素；中国国内发生的剧烈变迁是中国新外交形成的国内环境因素。内外因素的交互影响使得海外利益维护问题日益紧迫。

第一，海外利益的维护关系到中国的战略安全。冷战结束后，美国作为唯一的超级大国，单边主义倾向日益明确，很大程度上成为中国国家安全利益最大的外部威胁。在这种情形下，中国需要考虑如何进行外交上的调整来有效化解霸权主义行为对自身的威胁和挑战，同时，还必须考虑和探索在怎样的一个国际权力结构和国际机制下，更能够维护中国的权益和世界的稳定，以及如何为建立这样的全球和地区机制而展开外交。与此同时，随着中国参与现有世界体系的程度不断加深，未来的中国是现有体系的维护者，还是颠覆者、挑战者的疑虑也成为影响西方国家对华政策制定的参考因素。全球化是中国与世界相互依赖加深的一个进程，其中尤其引人注目的是海外利益在中国国家利益结构中的地位和分量在迅速地上升，可以说，海外利益已经凸显为中国与世界各国间关系的一个重要影响因素。

第二，海外利益的维护影响着中国国内的发展。外交是内政的延续，作为为内政服务的外交，其作用不可能不反映到正在变化以及将继续变化的中国国内社会变迁中。中共十一届三中全会确定将党和国家的工作重心转到以经济建设为中心的轨道上来，从此，国家利益的最核心内容是现代化建设，这是中国解决国际、国内问题最主要的条件。外交服务于根本国家利益，中国新外交向国际社会展示中国和平发展的决心和意志，努力为国内发展及建设营造一个相对宽松以及和平的周边与国际环境，为战略机遇期服务，为更好地维护和实现国家利益服务，中国新外交任重而道远。中国的快速发展并迅速融入经济全球化进程，中国的国家利益突破了传统的地理界限向全球延展，利益的实现也越来越受到外部因素的影响。全球化加速发展的过程中，中国经济保持持续快速增长的势头，日益融入世界

经济体系。在中国经济国际化程度越来越高的时代背景下，如何为中国经济发展"走出去"的客观现实服务，如何为中国经济发展赢得宝贵的和平发展空间，也日益成为中国外交不能回避的问题。

第三，海外利益维护是大国崛起的必然选择。世界各国尤其是大国都极其关注海外利益的维护与拓展，海外利益实际上是大国崛起战略选择的核心要素，维护与拓展海外利益是关系国计民生的重大议题。海外利益的重要性早在资产阶级革命初期就被传统西方强国所认识。[1]1621 年，英国人托马斯·孟发表《英国得自对外贸易的财富》一书，系统思考英国海外利益范围和来源，推动英国重商主义思潮的兴起，使得海外开拓成为英国的战略选择。[2] 正是对海外利益的追逐，使得英国成为世界上最早在全球范围内打造殖民网络的国家，此后，各欧美国家相继步其后尘。如果说 19 世纪是英国的世纪，那么 20 世纪则是美国的世纪。在仅仅二百多年的发展过程中，美国的崛起同样离不开海外利益的扩张与追求。通过美西战争及门罗主义的出台，进一步巩固了在美洲后院的利益。到了 20 世纪初，第二次工业革命兴起之时，美国为进一步满足国内发展的需要不得不与其他资本主义国家争取原本已被瓜分完毕的海外市场,并提出了"门户开放、利益均等"的政策。虽然各国不愿在国家利益问题上进行让步，但是以国家实力为后盾的海外利益扩张步伐在 20 世纪大肆展开。[3] 同时，日本在其资产阶级革命早期，由于国内资本主义发展的要求，也开始了与其他国家争夺海外利益的步伐。二战后，由于本国资源不足，日本的经济发展战略始终与外部世界紧密相联，出现了以"雁型"模式为代表的海外经济利益战略部署。如今亚洲乃至世界各国的海外利益在东亚进行重新组合，亚

---

[1] 门洪华、钟飞腾：《中国海外利益研究的历程、现状与前瞻》，载《外交评论》2009 年第 5 期，第 5 页。

[2] Sved berg, Peter, "The profitability of U.K. foreign direct investment under colonialism", Journal of Development Economies, Vol.11, Dec.1982, p273—286.

[3] Joseph A Frey, "From open door to world systems: economic interpretations of late 19th century American Foreign Relations", The Pacific Historical Review, Vol.65, No.2, 1996, p277—303;H.W.Brands, "The Idea of the National Interest", Diplomatic History, Vol.23, No.2, 1999, p239—261.

洲的国际经济格局仍在进行着微妙的调整。[1] 在中国古代，尽管历朝历代都进行着对外交流活动，但封建社会的发展模式决定了海外利益诉求的有限性，中国迈向世界的步伐是缓慢的、谨慎的，甚至有些保守的色彩。直到当代，改革开放以来，在全球化浪潮的冲击下，中国逐步开始了探求海外利益的征程，尽管起步较晚，但是却牵动着世界发展的脚步。

新中国成立之后的相当一段时间，谋求政治承认、维护主权与安全是国家利益维护的着眼点，经济利益从属于政治和安全利益，中国国家利益主要局限于本国疆域范围内的维护。改革开放以来，中国改变自己，融入并走上影响、塑造世界的大国发展之路，经济利益开始与政治、安全利益并驾齐驱，进而居于更为重要的地位。随着中国经济体系对外部资源的依赖、对外投资的加强和对外贸易的发展，海外利益凸显并以前所未有的深度和广度拓展，具有了更为广阔的内涵。"走出去"战略的提出和实施集中体现了中国决策者对海外利益重要性的认识和在战略全局的部署。

随着中国融入全球进程的加速，中国因素无处不在，海外利益在各个层面、各个角落展现出来。中国与其他发展中国家并起，大国兴衰进入新时期，促使世界进入转型期，中国对世界的影响在加深、加速，这种变动赋予中国巨大的战略塑造空间，为中国海外利益的开拓提供了难得的战略机遇。与此同时，中国海外利益的拓展与安全风险同步增加，中国海外利益的敏感性和脆弱性日渐显现，海外利益的维护和拓展面临着巨大挑战。这些挑战既来源于细微之处，亦来源于战略层面。从细微之处说，随着对外贸易和投资的增加，中国企业"走出去"的步伐加快，中国公民日益成为国际日常旅客，许多企业遭遇海外利益侵害，中国公民遭遇安全威胁的事件屡有发生，尤其是中国公民的海外人身财产安全已成中国海外利益的重大威胁。从战略层面上看，中国海外资产的规模在扩张，海外资源的分量和重要性在迅速上升，但我们的相关维护手段和能力严重不足；随着中

---

[1] Takatoshi and David E. Weinstein, "Japan and the Asian Economies: a 'Miracle' in Transition", Brookings Paper on Economic Activity, Vol.27, No.2, 1996, p205—272.

国在非洲、拉美经济利益的拓展，中国与西方国家的经济利益、地缘政治利益的冲突在上升，利益协调的难度在加剧，中国自身的利益易于受到损害；中国进入经济发展"高成本"的时代，国际经济摩擦日益加剧，中国塑造国际经济秩序的意愿增强，随之"中国威胁论"出现新版本，"中国责任论"对我压力进一步增强。可以说，全球竞争态势已经明显，中国海外利益实际上处在巨大的风险之中，维护与拓展中国海外利益面临的战略挑战越来越突出，中国承受不起对海外利益的忽视。

第二章 中国海外公民安全利益的拓展与维护

　　由于全球化的加速发展，世界各国联系更加紧密，相互依存度加深，中国从落后的发展中国家发展为举世公认的区域性强国，与世界关系的内涵正在发生重大而深刻的变化，已成长为具有世界利益的大国。中国2011年的外贸总额达3.64万亿美元，稳居世界第二，中国商品和商家的足迹已遍及世界每个角落。同时，中国海外投资急速增长，海外承包工程也大幅增多，在海外从商、务工、旅游和留学的中国公民在数量上呈直线上升之势，足迹几乎遍及世界。与此同时，中国公民在海外安全问题也日益凸现。而保障海外公民、驻外机构与组织等的安全和合法权益是世界各国都普遍认同的最为基本和最重要的国家海外利益。

第一节　中国海外公民安全利益的构成

目前，我国各类出境人员主要包括政府官员、留学生、中国企业驻外员工、劳务人员、出境旅游者以及海外经商人员等。因此，本节所述的中国海外公民安全利益的构成主要是指在海外从商、务工、旅游和留学的中国公民的人身安全与财产安全利益。

一、出国留学群体：中国海外留学生

改革开放以来，在积极开拓国际经济交往的同时，中国一直致力于大力发展教育、科技、学术和文化等领域的国际交流。教育是中国最早对外开放的领域之一。改革开放以来，中国实现了从主要向国外学习和借鉴经验的单向需求转为世界各国与中国之间的双向需求、合作共赢，世界各国对中国教育合作需求也从学习语言转向学生交流、科研合作等更多元化的层次。

自1978年改革开放以来，中国出国留学工作经历了从起步到发展和不断完善的过程，从国家到地方、从高等院校到科研院所，逐步建立起一整套与社会经济发展相适应的出国留学管理和运行机制，形成了国家公费、单位公费和自费出国留学的三大主渠道，为推动中国学生的国际流动发挥了各自不同的作用。根据教育部有关数据，我们可以发现中国学生国际流动有下面几个特点：

（一）出国留学人员大幅增加

根据有关资料记载，从1847年容闳留学到1978年百余年间，中国出国留学人员总数不超过13万。[1]但是从1978年到2008年三十年间，我国各类出国留学人员的总数已达到139.15万人。其中1978年出国留学人数仅有860人，到了2008年，全年出国留学人数为17.98万人，30年间扩

---

[1] 王辉耀：《中国留学人才发展报告2009》，机械工业出版社，2009年版，第2页。

大了 168 倍。2011 年度出国留学人员攀升到 33.97 万人，其中：国家公派 1.28 万人，单位公派 1.21 万人，自费留学 31.48 万人。从 1978 年到 2011 年底，各类出国留学人员总数达 224.51 万人。截至 2011 年底，以留学身份出国，在外的留学人员有 142.67 万人，其中 110.88 万人正在国外进行专科、本科、硕士、博士等阶段的学习以及从事博士后研究或学术访问等。[1]

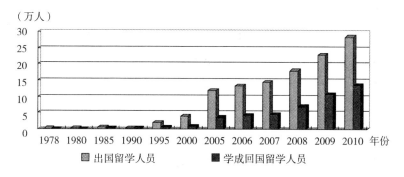

图2-1 1978~2010年中国出国留学人员及学成回国留学人员[2]

（二）留学国家选择更多，但仍以欧美国家为主

从我国改革开放以来，我国留学生通过国家公派、单位公派和自费留学等渠道到国外留学，到目前为止留学国家已达到 109 个，留学人员对留学国别的选择更趋多元化，分布虽广，除了传统的留学地如美国、英国、澳大利亚、加拿大、日本、德国、法国等发达国家外，近些年一些中等发达的国家甚至发展中国家也逐渐成为我国学生出国留学深造的选择。像爱尔兰、荷兰、比利时、丹麦、新西兰、韩国、新加坡、马来西亚、南非、俄罗斯等国的留学生人数增长很快。这与这些留学地的留学政策、签证难易以及学费等因素有很多关系。总体来说，中国留学人员中的 90% 以上集中在美国、日本、加拿大、澳大利亚四国，其余 10% 则零星地分散在

[1] 中国教育部：《2011 年我国出国留学人员情况统计》，中国国际教育信息网（http://www.ciein.com/news/37208.html）。

[2] 中国国家统计局：《中国统计年鉴 2010》，中国国家统计局，（http://www.stats.gov.cn/tjsj/ndsj/2010/indexch.htm）。

其他的 100 个国家里，分布呈典型的"大分散、小集中"格局。

（三）留学日渐低龄化

随着中国中产阶级的日益庞大，中国经济及国力不断增强，中国人出国的年龄和学历的分布也开始逐渐低龄化。现在出去读本科甚至读中学已经占到很大比例。2007 年上海市教委曾做了一份统计，在当年上海出国留学的学生当中，15 岁到 19 岁中学生约占到 27%，这说明留学日渐低龄化。据香港凤凰网报道，近两年留学新西兰的低龄化留学生明显增多，2010 年留学高中生比例仅占整个留学生比例的 5%，截至 2011 年 9 月 5 日，中学和小学的申请人数占总留学生的 10%。预计到 2012 年高中生人数将上涨到 15%。[1]

二、出境旅游群体：海外中国游客

新中国成立到改革开放前的 30 年里，中国的国际旅游业规模小，除了探亲外几乎没有出国旅游；自 1978 年改革开放以来，随着中国政府逐步放宽公民出国的限制，中国连接国内外的交通运输工具的多样化与便利化以及申请国外旅游签证条件的改善，居民出境旅游得到快速发展。进入 21 世纪以来，随着中国国民经济的高速发展和人民生活水平的不断提高，中国出境旅游市场呈现出旺盛的需求。据国家旅游局的统计数据，2001 年，中国公民出境总人数为 1212.31 万人次，其中，因私出境人数为 694.54 万人次。2004 年，中国公民出境的总人数上升到 2885 万人次，其中，因私出境的人数为 2298 万人次，分别比 2001 年增长了 137.98% 和 230.87%。2001 年，因私出境的人数占出境总人数的比重为 57.29%，2004 年，这一比重上升为 79.65%，增长了 22.36 个百分点。2009 年，我国公民出境人数达到 4765.63 万人次，比上年增长 4.0%。其中：因公出境人数 544.66 万

---

[1] 江莹：《留学新西兰逐渐低龄化》，香港凤凰网（http://finance.ifeng.com/money/roll/20120112/5439968.shtml），2012 年 1 月 12 日。

人次，比上年下降 4.7%；因私出境人数 4220.97 万人次，比上年增长 5.2%。2010 年，我国公民出境旅游市场继续快速发展，旅游目的地不断增加。国内居民出境人数由 1993 年的 374 万人次增加到 1.14 亿人次。2011 年我国出境旅游人数 6900 万人次，增长 20%。预计 2012 年我国出境旅游人数将 7700 万人次，同比增长 12%。[1] 由此可见，目前及今后一段时间，中国的出境旅游市场存在着巨大的消费需求和发展潜力。随着我国人民生活水平的进一步提高，出境旅游人数将继续增长。通过对我国国民经济增长和出境旅游人数增长相关关系的分析预测，在今后 5 年，中国出境旅游人数将保持 10%～15% 的年增长率。根据世界旅游组织（World Tourism Organization，WTO）的预测，到 2020 年，将有 1.3 亿人次的中国游客到世界各地旅游，中国将成为世界头号旅游客源市场。[2] 在今后的一个时期内，我国旅游者受支付能力、余暇时间、文化差异等因素的影响，仍将选择中近程的周边国家和地区作为出游的主要目的地。但随着我国出境旅游者的支付能力的提高，人们余暇时间的延长和对欧洲、美洲和大洋洲等国家了解的加深，远程目的地也将会成为最受欢迎的旅游目的地。

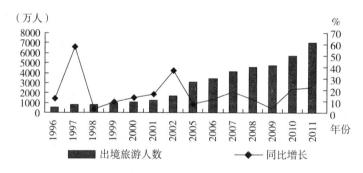

图2-2 1996~2011年中国居民出境旅游情况[3]

[1] 邵琪伟：《2012 年全国旅游工作会议上的讲话》，国家旅游局（http://www.cnta.com/html/2012-1/2012-1-16-9-23-93087_1.html），2012 年 1 月 16 日。

[2] 世界旅游组织：《中国将成为世界头号旅游客源市场》，中国日报网（http://www.chinadaily.com.cn/hqjs/zjtw/2011-03-23/content_2091951.html），2011 年 3 月 23 日。

[3]《中国旅游业统计公报》，中国国家旅游局（http://www.cnta.com）；《中华人民共和国 2010 年国民经济和社会发展统计公报》《中华人民共和国 2011 年国民经济和社会发展统计公报》，中国国家统计局（http://www.stats.gov.cn/tjgb/ndtjgb/qgndtjgb/index.htm）。

从近年来中国居民出境旅游的发展来看，主要呈现以下几个特征：

（一）目的地。近距离保持领先，远距离继续上升。就出境旅游目的地而言，近距离周边地区和国家仍然是中国公民出境旅游的主体，在中国出境旅游网公布的 2008 年 10 大旅游目的地中，前 5 名中只有香港是中国周边的旅游目的地，澳大利亚、法国、意大利和德国都属于远程目的地，中国游客目前对远程目的地的兴趣越来越大。

（二）出境形式日益多样化。中国公民出境的目的与方式是多种多样的，除了一般观光旅游团之外，还有更多的各种各样的非自费旅游，实际上这些非传统的旅游方式，无论从人次数上，还是境外消费上，都超过了一般由旅行社组织的团体旅游。其中包括在境外的会议、展览、奖励旅游等。最近两年来，境外人员培训也呈上升的趋势。

（三）更加注重旅游体验。随着中国消费者收入的增长，越来越多的人开始利用富裕的资金进行休闲旅游活动。高端市场（奢华旅游或豪华旅游）开始脱颖而出并形成一定的规模。高收入群体追求专业化、个性化、特殊化的体验，多选择远程旅游目的地、著名的度假地和特殊的旅游方式，费用极高。整个出境旅游市场在悄然变化，旅游产品逐渐摆脱"价格低、质量次、匆匆跑、曾到过"的最初阶段，开始追求愉悦体验的更高层次。

（四）商务旅游持续上升。由于国家相关政策和行政管理机构职能分工的原因，中国的出境旅游往往只包括个人自费的出境（出国）旅行浏览和度假活动，商务与公务旅行不属于休闲性旅游的范围，一般不在国家旅游政策考虑的范围之内。但是，随着对外开放的不断扩大和国际商务、文化领域等交往的日益频繁，商务、公务旅游的规模越来越大，而且在出行目的、活动方式、所持证件以及参与经营组织的单位等方面，其界限变得越来越模糊。

中国旅游对外交往不断扩大，已成为国际旅游交流的重要组成部分和推动力量。随着中国旅游业的持续发展，中国与世界各国各地区间的旅游交往日益扩大。目前，境外驻华旅游机构已达 32 家，中国驻海外旅游办事处也已达 17 家；中国与联合国世界旅游组织、亚太旅游协会、世界旅游及旅行理事会等国际旅游组织，建立了紧密联系并陆续开展了一系列重要合作。中国出境旅游市场的繁荣正在改变着国际旅游市场发展的格局，受人民币升值的影响和签证政策的放宽，我国出境市场将继续发展。

三、出国务工群体：中国海外劳工

中国向海外输出劳工的历史很长，主要经过了五个发展阶段：早期主动发展阶段，清朝统治前期禁锢阶段，晚清至民国卖"猪仔"时期，中华人民共和国前期遭受封锁时期，1972 年以来的逐步发展阶段。

随着经济的迅速发展和教育体制改革的不断深化，我国培养和造就了大批遍布各个领域和行业的专业技术人员和技术工人，特别是一些劳动密集型产业人力资源过剩，向境外派出的要求相当迫切。在全球经济持续增长、服务贸易迅速发展、区域经济合作不断增强的背景下，国际自然人流动作为服务贸易和国际经济合作的组成部分更加频繁和活跃，目前世界各国产业结构调整和人口结构变化加剧，在一些领域，国际劳务市场需求旺盛，为我国对外劳务合作提供了广阔的发展空间。中国劳工随着中国企业"走出去"，在海外打工的人数与日俱增。

2004 年 7 月，中国商务部会同国家工商总局联合颁布了新的《对外劳务合作经营资格管理办法》，该《办法》把对外劳务合作与对外承包工程、对劳务输出区分单独进行管理，确定了中国劳工赴海外的两种合法方式：一是中国企业在海外有项目，通过项目招募劳务人员；二是通过劳务公司经过培训赴海外务工。承包商会下属的大型工程企业和劳务公司是海外劳务市场最主要的角色。据商务部官方统计，截至 2010 年底，我国对外劳务合作累计完成营业额 736 亿美元，签订合同额 760 亿美元，累计派出各类劳务人员 543 万人。中国对外劳务合作的行业领域主要分布在制造业、建筑业、农林牧渔业、交通运输业和饮食服务业。其中，建筑、纺织、渔工类劳务人员仍占外派劳务总数的一半以上。此外，也有一些设计咨询管理、科教文卫体、计算机技术服务等高级技术领域的劳务人员。中国已成为国际建筑、纺织劳务和海员的重要来源地，行业领域不断拓宽。2009年中国海外劳工目前分布在世界180多个国家，其中亚洲人数最多，占总人数的85.56%、非洲5.78%、欧洲5.91%、拉丁美洲0.88%、北美洲0.97%、大洋洲0.83%、其他0.07%。[1]

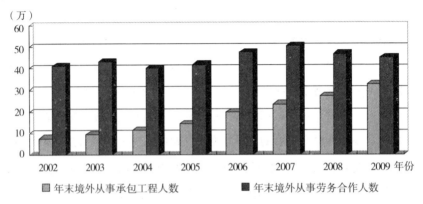

图2-3　2002~2009年中国外派劳务人员规模[2]

四、出国经商群体：海外华商

一般来说，海外华商是海外华侨华人的一部分，但也不等同于华侨华人。

"华侨"是指中国定居外国的公民，根据我国的国籍法规定，凡定居外国而尚未取得外国国籍的公民（包括其后裔）称作"华侨"。"华人"，又称外籍华人，是指已经加入或取得住在国国籍，具有中国血统的人。[3]

海外华商的定义究竟是什么呢？简单地说，海外华侨、华人中从事经济活动以及企业服务的各类机构中的人士，统称为海外华商，简称"华商"。

[1] 国家统计局贸易外经统计司编：《中国贸易外经统计年鉴2010》，中国统计出版社，第693—696页。
[2] 国家统计局贸易外经统计司编：《中国贸易外经统计年鉴》，中国统计出版社，2006年版、2007年版、2010年版。
[3] 国务院侨办侨务干部学校：《华侨华人概述》，九州出版社，1993年版，第1页。

而本文所说的"华商"或"海外华商"则泛指改革开放以后尤其是 20 世纪 80 年代以来，从事海外经商、贸易的中国商人及新华侨华人中从事商业活动的华商，他们中有的人已经取得了海外国籍，有的只是长期定居海外，还有的则是来回奔走于国内外之间；他们中有长期在海外投资建厂经营发展的，有国内公司外派到海外的公职人员，有从事零售批发业的贸易商，有的甚至是非法滞留海外的小商贩。

随着世界贸易的飞速发展，走出国门做生意也是大势所趋。随着经济全球化和改革开放的逐步深入，中国政府制定并实施了促进中国企业发展的"走出去"战略方针，这一伟大的举措使得中国国内企业刮起了"境外投资经营风"，这一浪潮与改革开放后的新移民浪潮汇合一起，使得大批国民走出国门，目前华商足迹已经踏遍世界各国。除此以外，还有往返于世界各地的华商个体贸易商和分布在世界各地的华侨华人小商贩，他们的数量更加庞大。

华人华侨到美洲拓展已有二百年历史了，但是大批的中国人移居美洲还是近几十年的事。据《2007 年世界华商发展报告》数据显示，美洲是中国移民增长最多的地区，在 20 世纪最后 10 年中，美洲中国移民大约平均增长 4.6%，超过了 500 万人，占中国海外华人移民总数的 14%。据美国人口普查局 2006 年 5 月公布的亚裔企业统计显示，2002 年美国共有华人企业 28.6 万家（华人企业的定义是华人占股 51% 以上的非农场企业），雇员近 65 万，收入 1050 亿美元。华人经营最多的是批发贸易企业，占总数的 40.5%，其次是零售企业、旅馆和食品企业、制造业、科技企业，占总数的 32.5%。80% 以上的华人企业集中于加州、纽约、得州、新泽西、夏威夷、佛州、伊利诺伊，其中加州拥有 11 万家华人企业，收入 562 亿美元；纽约华人企业近 6 万家，收入 102 亿美元。

在加拿大，华人的数量自上世纪 90 年代起大幅增加。先是香港和台湾的商业投资移民，后是大陆的留学移民和技术移民。自 1998 年以来，中国大陆一直是加拿大最大的移民来源地，每年均有三四万人，占该国接收移民总数的 20% 左右。与以往较富裕的港台移民不同，中国大陆移民除了少量一些带钱而来的商业移民外，绝大部分是两袖清风的高专业水准技术移民。这部分人进入加拿大后，有的在专业领域里奋斗有成，在医药、法律、证券、会计等领域拥有和经营专业公司；不少人则因找不到适合的专业工作，进入到超市、餐饮、食品制造、街头便利店、咖啡店等领域做了生意人，从而推动着加国华人传统生意的变迁。

中南美洲华人移民的数量也在增长。据媒体报道，华人新移民数量增长的国家有巴西（20～25 万）、巴拿马（12 万）、委内瑞拉（16 万）、墨西哥（6 万）、苏里南（4 万）、哥斯达黎加（6 万）、阿根廷（6 万）等。新华侨华人在当地落脚之后，均从事小本经营的企业以谋生。中南美洲华人过去经营的主要行业有中餐馆、杂货铺、洗衣店等。近年来，华人经营的领域不断扩大，发展到超市、进出口贸易、房地产、现代化农场和制造业等，中南美洲华人的经济实力有了快速的增长。

据《欧洲时报》报道，目前欧洲有华侨华人 150 万，40% 来自东南亚再移民，50% 来自浙江温州、青田，来自其他地区的华侨华人所占比例很少。在欧洲华侨华人社会中，传统的餐饮业是支柱产业。据统计，英国有中餐馆约 9000 家；全法国有中餐馆 8000 家，而巴黎地区有 6000 家；德国中餐馆和华人速食店超过 7000 家，90% 华侨华人依靠餐饮业谋生；西班牙目前中餐馆已达 3000 家，巴塞罗那就有 600 多家；荷兰有中餐馆 2200 多家；奥地利有中餐馆 800 多家；葡萄牙有 600 多家。华人大型餐馆、酒楼，多由香港餐饮财团投资经营，菜式考究，装潢豪华，还设有唱歌房；中型餐馆多是华侨华人经营，以菜式可口多样著称；小型餐馆和外卖店走大众化路线，以便宜套餐、小食吸引着一般民众。杂货业是欧洲华侨华人另一支柱行业，主要经营亚洲食品、蔬菜、水果等，兼营家庭生活用品。传统行业还有皮革业，以批发为主，主要从中国进口皮革产品，在法国目前从事皮革业生意的华商就有 600 多家；旅馆旅游业，多系旅游礼品店、中小型旅馆以及旅行社；贸易业，主要经营亚洲土特产、工艺品等；运输业，以小型运输公司、出租汽车公司为主;文化娱乐业,有些是较大型的夜总会,为数较多的是录像带出租店、卡拉 OK。此外,还有理发美容、自助洗衣店、家具店、钟表店等。欧洲华侨华人经营的工业以轻工业为主,主要是皮件制品、成衣厂、食品厂等。近几年,中医中药业在欧洲各国发展很快。据统计,目前欧洲有中医师和针灸师 12 万人,患者应诊每年超过 500 万人次。从上世纪 90 年代以来,欧洲华商的产业结构发生了巨大变化。他们开始涉足科技、教育、文化各界,开拓了金融、海运、贸易等行业。

在非洲,华商主要来自浙江、广东和福建,其中浙商最多。以喀麦隆为例,在当地 2000 多华人当中,浙江人就占到四分之一以上。在非洲的华商,主要由三种成分构成:第一类是中字号的大型国企和中兴通讯、华为这样的大型企业,他们在国外主要以承接大型工程为主;第二类是一些把工厂移到非洲的制造业企业,因为税率和劳动力价格的因素,这些企业通过这样的方式来降低成本,避开西方国家诸如配额之类的非关税壁垒。第三类是商贩,他们主要是把中国的商品运到非洲去销售。在非洲各地的华商,生意按规模大小也可以分成三类:大型的如矿产开发;中型的如投资办厂制造产品;小型的主要是经营小商品买卖。

随着经济全球化和华商经济自身的逐渐成熟,近年来,华商经济已经出现转型,不仅从业领域发生转变,经营方式亦开始从粗放型愈益走向现代,这一转型在 2007 年继续进行并呈加速的趋势,但总体而言,从数量上看,华商群体仍以小商人居多。传统的华人经济产生于华侨移居海外之后,华侨为了谋生,又缺少技术与资本,只能从事最简单的谋生职业,即所谓"三把刀",剪刀、菜刀与剃头刀。随着时代的变迁,第二代华商与新移民的大量流入,华商已经从过去单一的中餐业、制衣业开始逐步涉足外贸、电子、高科技等领域,金融、房地产、高新技术、律师、会计师等行业都已成为其经营领域。华商经济正呈现出多元化、科技化和资本密集型等发展趋势。迄今为止,海外华人在美国、加拿大、澳大利亚等新移民国家,最主要的还是美国,已经形成了比较有特色和潜力的电子高科技产业。但从总体上讲，全球 99% 的华商仍在从事资产规模小、技术程度低、竞争力弱、经济效益差的零售业、餐饮服务业、中医针灸等职业。中餐业目前仍是华商最普遍的职业，仅在美国，中餐馆已逾 5 万家，华人从业者达 30 余万人。由于中国货行销世界各地，经营小商店也是华商普遍的职业。[1]

在非洲，由于非洲大陆幅员辽阔，国家众多，资源丰富，市场广阔，商机众多，被广大华商誉为"一个充满希望的大陆"。[2] 近些年来，随着非洲政治形势日渐稳定，经济建设稳步发展，投资环境不断改善，投资政策相对优惠，这里正在成为世界上新的投资热点，国际上许多持乐观态度的跨国集团将非洲称为"世界上最后的投资边疆"，也是能够让外国投资者获得丰厚经济回报的一个大市场。目前，非洲已经成为国际投资者以及中国企业界投资经商的新目标。在许多投资者看来，南非是商机众多的创业天堂，气候、交通和消费条件都比较适宜。一方面由于欧美各国对南非的纺织品出口没有配额限制，而且还有关税等方面的优惠，所以也有很多中国商人在南非投资办厂，从事纺织业。而且南非缺乏轻工产品，特别是适合广大黑人消费的轻工产品。再则在南非，创业相对简单。4500 兰特（南非货币单位，1 兰特折合人民币约 1.29 元）押金加 450 兰特店租，就可开一家店。[3] 基本没有名目繁多的税费，南非工商税务管得松，纳税主要靠自觉。因此，南非有近 30 万华人，其中福建人最多，约占三分之一，主要在各中小城市开店；其次是上海人，有七八万人，多是从事进出口贸易。由于华人比较有经济头脑，而且吃苦耐劳，经济地位近年来持续上升。

由于两国长期的友好关系和互为邻邦的地理位置优势，在俄罗斯分布着大量的华商，他们主要来自中国的东北、山东、福建、浙江等沿海省市，初步估计其总人数达到 20 万之多。俄罗斯首都莫斯科和圣彼得堡、叶卡捷琳堡以及远东的一些城市是华人、华商相对集中的地方。在俄罗斯，中

---

[1] 中国新闻社《世界华商发展报告》课题组：《2007 年世界华商发展报告》，中国侨网（http://i5.chinaqw.com/2008ind/images/2007.pdf）。
[2] 沈讯磊：《带你走进南非》，载《国家安全通讯》1999 年 9 月第 9 期，第 34—35 页。
[3] 彭建梅：《华商在南非》，载《商务周刊》2000 年 9 月第 1 期，第 58—59 页。

国人从事的职业相对集中在贸易、建筑、农业和餐饮等行业。绝大多数华商在俄罗斯各地由集装箱组成的露天大市场里批发或零售各种中国商品。占地 20 多公顷的莫斯科切尔基佐夫市场是俄罗斯最具标志性的、由移民主宰的市场,号称是世界上最大的集装箱市场。市场里的中国人有上万人,主要从事服装、鞋帽及工艺品批发,也有少数人经营中国调料和食品。中国对俄出口企业,尤其是服装、纺织等行业的企业,多数是通过在俄华商代销方式出口到俄罗斯的。

随着中国企业"走出去"步伐的加快,大陆新华商的快速崛起成为全球华商经济的一大特色和亮点。联想集团、海尔集团、华为集团、中兴集团等一大批有实力的中国企业纷纷开展国际化经营,在全球各地布点经营,取得积极进展。一大批中国企业家走向世界,成为一股庞大的新华商力量。浙江人善于经商和闯荡,作为中国最早"走出去"的群体之一,据浙江省商务厅数据,目前,150 多万浙江人在海外经商,浙江企业境外投资的境内主体数和境外企业数已连续多年居全国第一。[1] 中国民营企业在世界各地兴建"中国商城",亦是大陆新华商崛起的重要表现。1998 年,温州商人在巴西圣保罗建立第一个"中国商城"。截至目前,温州商人已在喀麦隆、俄罗斯、荷兰、阿联酋、美国、蒙古、英国、智利及芬兰等国建立了十几座"中国商城"。2007 年 3 月,由浙江温州康奈集团牵头,出资 20 亿元人民币组建的俄罗斯乌苏里斯克(中国)经济贸易合作区在远东乌苏里斯克成立。在意大利罗马、米兰等地,也有华商兴建类似的中国商城,从事中国商品的批发与零售。

第二节　中国海外公民安全利益的表现形态及诱因

现在中国公民的海外安全利益的表现形态越来越多元,一般分为传统

---

[1]《浙江: 150 多万人海外经商》,新华网(http://news.xinhuanet.com/fortune/2010-04/09/c_1225268.htm),2010 年 4 月 9 日。

和非传统两种。传统安全领域问题主要指战争、武装冲突或两国政治危机而导致的威胁。对于在海外的中国公民而言，传统安全威胁既有定居国的安全环境对其人身和财产的影响，也包括中国与外国政治、外交、军事冲突而导致的风险。由于非传统威胁的时间突发性、起因的人为性、手段和方法无常性、应对和防范的困难性等特点，非传统安全威胁（如海盗、恐怖袭击、甲流、H5N1 流感，还有很多诸如地震、海啸以及地震引发的海啸等复合型的灾难等自然灾害）是中国公民海外安全中最突出的风险。

一、中国留学生海外安全问题的表现形式及诱因

近年来中国留学生海外安全问题频发，而且呈现出向世界各国蔓延的趋势，不论是在政局原本动荡混乱的南非、菲律宾，还是在治安一向良好的加拿大、澳大利亚、美国、日本、荷兰、德国等国家，都不同程度地存在着中国留学生安全遭受威胁、侵害的问题。

综合分析近年来中国海外留学生的安全恶化状况，其人身和财产安全受威胁的主要表现有：

（一）带有种族歧视与排华性质的民事伤害案件

部分国家的极端民族主义分子以及少数排华反华分子发动的针对外国人以及中国人的袭击越来越多，成为近几年来威胁中国留学生安全的主要因素之一。如 1998 年 5 月，印尼曾发生震惊世界的严重排华事件，包括中国留学生在内 300 多名华人及华人后裔被排华暴徒残忍杀害；2005 年 3 月 26 日俄罗斯圣彼得堡音乐学院的"光头党"袭击中国留学生案；2005 年 10 月 7 日在日本发生警察在电车上无故殴打中国女留学生事件。

（二）自然灾害和人为灾祸

近年全球山崩海啸、地震飓风、火山瘟疫等自然灾害和人为灾祸频繁发生，破坏力强。2003 年的 SARS，2004 年的印度洋海啸曾夺去了上万人的生命，2005 年美国的飓风、南亚的地震、菲律宾的登革热、越南的禽

流感又使成百上千的人遭遇了生死大劫。在这些自然灾害中，虽然没有出现中国留学生大的伤亡事件，但在一些火灾、交通事故等人为灾害中，中国留学生却遭遇了生死劫难。如2003年11月22日发生的莫斯科友谊大学寝楼大火，40多名中国留学生被烧伤，11人罹难；2005年9月13日澳大利亚新南威尔斯大学一香港学生在学成归国的前夕葬身火海。

（三）留学生自身安全防范意识淡薄，防卫能力欠缺

由于中国海外留学生自身安全防范意识淡薄，防卫能力欠缺，容易成为刑事犯罪的侵袭目标。即使是在比利时、瑞士、德国、新西兰等治安状况良好的国家，携带大量现金，露财摆阔，也容易成为抢劫、绑架、盗窃犯罪的目标；有些留学生经常出入酒吧、歌厅、夜总会等容易滋生是非的场所，招致祸患。如2005年12月6日深夜，两名中国留学生在加拿大渥太华酒吧唱歌时遭枪击身亡；又如2003年5月9日，一中国留学生准备驾车离开新西兰奥克兰一家夜总会时被3名毛利大汉绑架，其母遭到100万新元勒索。

（四）留学生漠视留学地当地法律法规

由于中外法律法规的差别及个人法律意识的淡薄，近年来由于漠视留学所在地的习俗以及法律法规引发的留学生安全事件时有发生。如2003年9月30日，在维多利亚州西部的高速公路上发生了一起车祸，司机安然无恙，但坐在汽车后座的一名中国学生却由于未系安全带而被抛出车外，当场死亡。2004年3月7日，在昆士兰大学入学不到20天的一名中国女学生晚餐后外出散步，途经圣路西亚大街时由于匆忙横穿马路而被车撞，导致脑死亡。2010年1月，一名中国留学生未经安检进入美国新泽西州纽瓦克国际机场安全区域送别女友，导致航站楼关闭，大量旅客滞留。2011年，一名来自中国内地的新生，尚未取得加州驾照，拿着中国驾照开车外出，被警察拦下，以加州车辆管理法第12500条"无照驾驶"论处，可能将留下刑事犯罪记录。

（五）留学生心理承受力差

如今，留学新生代中独生子女所占比重越来越大，这一群体表现出的

一大特征是社会经验不足，自理能力不强，很难承受挫折与失败带来的压力。很多中国留学生尤其是小留学生初到国外，受到语言、生活习惯等方面的限制，很难交到朋友进入不了当地的生活圈子，无法为自己营造一个有保护作用的社交圈。他们长期以自我为中心，难以客观地认清自己在社会中的地位和作用，在与他人的交往中，往往表现得过于敏感或处理不当。由于承受力差，由心理问题引发的事件在不断增多。如2004年10月10日，德国波鸿大学一中国留学生在宿舍内非正常死亡，当地警察局经多方调查并进行尸检，确认其系自杀身亡。据了解，该生平时就性格孤僻，很少与人交往。事发之前他没能通过语言考试，很可能就是导致他自杀的直接原因。

留学生心理问题的另一个表征就是男女感情问题，目前也成为威胁海外留学生安全的一个重要因素。留学生在国外，身处陌生孤独环境，很容易寄托感情，产生"共患难"的同伴情结。在这种情况下，倘若任何一方发生感情天平倾斜均可能会引发对方不同程度的心态失衡，最终导致不可收拾的后果。如2004年6月9日，堪培拉大学一中国女学生在其居住的寓所内被其男友杀害。2005年年初，一刘姓中国留学生在前往伊尔梅瑙市看望女友时，与另一男同学发生冲突，后用刀将对方刺伤。据说冲突的原因又是因为感情问题。

（六）个别国外学校质量存在问题

最近几年由于中国学生留学学校自身的不安全因素而诱发的突发事件也开始出现。由于跨境教育存在着巨大的利润，一些以牟利为目的的私立学校，在合理回报、获取盈余的幌子下，大量招收国际学生，学校费用主要来自海外学生的学费，为了降低办学成本，不惜牺牲学生利益，甚至将大量学费转作其他投资，一旦投资失败或资金链断裂，就会突然倒闭破产，给学生带来巨大损失。这些办学机构往往是在没有得到国家权威认证机构认证的情况下，授予欺诈性的或毫无价值的学位的学校，被人们常称为"野鸡大学"。他们为了能招生更多的外国留学生，往往通过虚假广告来骗取学生和家长的信任。有的故意模糊国外学校性质和资质，明明没有学历学位的授予权，却以某某正规大学的"分校"、"分部"的名义招生。在美国，许多公立大学都用所在州的名字为校名，如夏威夷大学、加州大学等，一些"野鸡大学"为了混淆视听，竟然把在夏威夷州开办的大学以"檀香山"字样命名，有些还堂而皇之地冠以"国际"、"国家"、"太平洋"等大头衔，许多学生和家长对美国学校情况并不熟悉，从而很容易上当受骗。如新加坡哈德福教育集团（HTI Education Group，私立）2004 年 10 月申请破产，哈德福集团所属的 Educational & Management Services（EMS）、City Training Center（CTC）和 Regent Commercial Institute（RCI）等三所私立学校已出售给新的业主，我国部分自费留学人员的生活及学习受到严重影响。2005 年 9 月新加坡两所私立学校：AIT ACADEMY（新加坡澳洲理工学院）和 AIT UNICAMPUS（新加坡澳洲理工大学）因流动资金不足而倒闭。这两所学校共有学生 900 余名，其中中国学生 424 名，这些学生最后不得不被转往其他院校。

二、中国海外劳工安全问题的表现形式及诱因

根据南方周末编写的《中国人海外安全趋势分析》，以安全系数高低为依据，按地域划分，将海外劳工安全分为三个安全等级地带：第一类高危险地带，主要指南亚阿富汗、巴基斯坦，中东的巴以地区和伊拉克，东南亚的金三角地区；第二类危险地带，主要指以非洲和俄罗斯为代表的治安混乱地区；第三类相对安全，但劳务纠纷、渔业纠纷等劳工问题仍较突出的地带，如美洲、东南亚、欧洲、大洋洲和日韩等发达国家和地区。

（一）高危战乱地带人身财产和财产权利受威胁的具体表现

由于遭受国家战乱、恐怖袭击、反政府武装绑架等威胁，在阿富汗、中东的伊拉克和巴以地区等高危战乱地区，中国海外劳工受到严重的人身财产侵害。在战乱动荡地区，侵害劳工人身财产安全的主要表现有以下三类：

1. 当地中国劳工深受民族冲突和自杀性爆炸的牵连，成为流血冲突的

牺牲品。如 2002 年 4 月 12 日下午发生在耶路撒冷市中心本耶胡达市场的一起自杀性爆炸事件，该自杀性爆炸当场造成 7 人死亡，86 人受伤。死者中有两名中国工人，另两名中国工人重伤。

2. 针对中国工程基地的恐怖袭击，造成劳工伤亡严重。恐怖袭击造成的我国劳工伤亡情况主要发生在恐怖活动猖獗的阿富汗，其中 2004 年 6 月 10 日发生的阿富汗恐怖组织对中国中铁十四局集团公司援建阿富汗的公路建设项目盖劳盖尔工地的袭击事件，造成 11 名中国工人死亡，另有 4 名工人受伤。2006 年 12 月 2 日夜间，中铁十四局集团公司在阿富汗北部巴德吉斯省的工地遭到不明身份武装分子的袭击，虽未造成中方人员伤亡，但该袭击性质恶劣。除了阿富汗以外，在巴基斯坦也发生了针对中国工程师和工程基地的恐怖袭击。如由中国公司援建的巴基斯坦西部港口城市瓜达尔港 2004 年 5 月 3 日发生一起汽车炸弹爆炸事件，导致 3 名中国工人在爆炸事件中死亡，9 名中国人受伤，其中 4 人伤势严重。

3. 恐怖绑架、劫持华工。恐怖绑架主要发生在伊拉克及巴基斯坦地区。2005 年 1 月 18 日，我国在伊拉克的一个美国工地内工作的 8 名建筑工人在伊拉克遭反美团伙绑架。该武装分子发表声明，希望中国公司不要和驻伊美军合作。2011 年 10 月 5 日，两艘搭载 13 名中国船员的"华平号"和"玉兴 8 号"商船在湄公河金三角水域遭遇袭击，遭袭 13 名船员全部遇难。

（二）治安混乱地带中国海外劳工人身和财产受威胁具体表现

在非洲，近年来，随着一系列停火协议的签署，安哥拉、布隆迪、卢旺达和乌干达以及苏丹南北双方相继结束了冲突，刚果（金）等国也成功举行了民主大选，走上探寻和平与发展的道路。非洲大陆的总体安全形势已得到明显改善，但由于历史和现实的原因，非洲局部地区的冲突仍然存在，许多地方的刑事犯罪率居高不下，治安状况日益恶化。也正是这些局部冲突和复杂利益纠葛，恶化了中国人在当地的生存环境。就中国劳工而言，2007 年在非洲的对外承包和援建项目所雇佣的员工中，48% 的劳工来自中国，在管理队伍中，91% 是中国人。较高的中国劳工比例使面临威胁的基数加大。[1] 从东非国家肯尼亚到西非石油大国尼日利亚，再到最近的埃塞俄比亚，2007 年，中国海外劳工在非洲遭受袭击和绑架接连不断，安全形势严峻。在盛产石油的尼日利亚南部，反政府武装活动日益猖獗，针对外国公司的袭击事件也愈演愈烈。2007 年年初，中国路桥公司在肯尼亚港口城市蒙巴萨附近的工地也遭到武装袭击，造成中国工程师一死一伤。

而在远离战火的南非、俄罗斯等地区，虽然远离了战争的困扰，中国海外劳工的安全威胁仍以其他各种形式表现出来。近年来，南非社会治安状况十分严峻，甚至连政府高官也无法得到安全保障。中国海外劳工遭受抢劫遇害等事件时有发生。在治安混乱地带，侵害劳工安全的主要表现有以下五类：

1. 为赎金绑架，中国劳工人身安全存在隐患。绑架案件主要发生在非东南部的尼日利亚。2007 年 1 月 5 日，5 名中国电讯公司的工人在尼南部遭一伙武装人员绑架，并被抢走价值数千美元的财物。2007 年 3 月 17 日，浙江某摩托车配件公司的两名中国员工在尼日利亚遭不明身份武装分子劫持。同时，由于尼日利亚是非洲最大的石油生产国和世界第六大石油出口国，作为在尼日利亚投资的主要公司——中国石油公司，其员工成了在尼被绑架的目标，从 2007 年 1 月至 3 月仅三个月时间就发生了 3 起绑架中国石油工人的案件，虽未造成人员伤亡，但绑架案发频率之高值得引起重视。

2. 抢劫财物引发中国劳工伤亡，财产受损。由于非洲各国贫富差距加大以及失业率高等社会问题，造成很多抢劫伤人等刑事案件增多，对中国劳工的人身财产安全造成威胁。例如在南非和阿尔及利亚等地区，失业率居高不下，不少年轻人穷困潦倒又无所事事，抢劫伤人的刑事案件时有发生。2005 年 6 月 7 日，3 名 20 多岁的阿尔及利亚人在中餐馆实施抢劫，中阿合资某建筑有限公司 2 名员工被歹徒刺伤身亡，另有 3 名中国员工受轻伤。2006 年 10 月 17 日，来自湖南的两名中国劳工在南非布隆方丹的工业区工厂餐厅用餐时，遭当地人持枪抢劫，被抢走 1.23 万美元和两部

---

[1] 赵剑飞:《近半中国在非工程项目得自竞标》，载《财经》2007 年 5 月。

汽车，并遭枪击身亡。

3. 局部恐怖袭击，中国劳工安全受损。有些非洲国家存在着反政府势力，他们以袭击外国人达到自己的政治目的，而中国劳工成为了他们的牺牲品。例如，位于非洲东部的埃塞俄比亚反政府武装"欧加登民族解放阵线"，有意制造社会动乱，打击外国投资者的信心，遏制埃塞当局在欧加登的开发活动，于2007年4月，策划袭击了中原油田勘探局在埃塞俄比亚索马里州的一个工地，造成该工地中国劳工9人丧生，1人轻伤，7人遭绑架。此外，武装人员还抢走了8辆轿车、1辆面包车以及20多辆重型汽车，并焚毁了工地所有的设备。这次事件也是中国企业及人员在海外遭遇的最惨重的袭击。

4. 光头党等黑社会滥杀无辜，严重威胁劳工生命安全。由于治安混乱，很多国家的黑社会势力猖獗，他们或单独行动或与政府警察结合起来，无恶不作，在上述地区行径最为恶劣的是南非和俄罗斯的黑社会。以俄罗斯光头党为例，它是一股极端民族主义势力，以"俄罗斯是俄罗斯人的国家"为口号，频频制造针对外国人的暴力犯罪活动。这股势力的猖獗有其深刻的历史背景，短时间内很难消除，给中国海外劳工安全带来了很大的隐患。2005年11月份以来，俄罗斯圣彼得堡等多个地区接连发生中国商人和留学生遭到俄"光头党"袭击事件。

5. 执法人员暴力执法，敲诈勒索。俄罗斯警察同海关和光头党一起，成为旅俄华人的"三怕"，他们经常暴力执法，成为中国海外劳工安全的隐患之一。2007年5月11日晚，一名江苏籍赴俄务工的建筑工人，在抵达俄罗斯后的第二天上街时，遇到两名俄罗斯警察的盘查。这名中国工人没有随身携带护照，再加上不懂俄语，在遇到警察盘查之后由于紧张跑回了工地。而随后赶来的警察巡逻小组来到工地后，殴打了100多名中国民工，造成20多人重伤。

（三）相对安全地带中国海外劳工的人身财产安全受侵扰的具体表现

相对安全地带的欧美、日韩和大洋洲等地区，社会治安基本状况较为稳定，恐怖袭击等恶性事件较少，相对较为安全。虽然生命安全相对高危和混乱地区有相对的保障，但偷盗和抢劫等危害劳工财产和合法权益的事件却频频发生。同时，由于这些地区是中国对外劳务输出比例最高的地区，也是劳务输出"黑中介"活动中心点，人蛇偷渡、诈骗等犯罪行为高发，对中国海外劳工财产安全和财产权利的侵扰主要以劳务纠纷等形式表现出来。此外，南太平洋诸小岛国，近年来动乱时有发生，某些还带有排华性质。总体来说，在这些相对安全的地带，劳务纠纷和经济风险是中国劳工安全受侵害的主要形式。

相对安全地带中国劳工人身财产安全受侵扰的主要表现为以下四个方面：

1. 雇主违反安全规定，引起的人身伤亡。中国籍劳工大多从事建筑、制造和服务业，特别在东道国不愿意从事的 3D 工种（即"危险、艰苦和高污染"工作），再加上相对安全地带中国劳工的人数相对于其他地区的数量较大，导致由于工作环境恶劣所引起的人身伤亡事件发生概率较高。如 2008 年 1 月，由于冷库负责人完全忽视安全规范，为缩短工期强行施工，导致位于韩国京畿道利川市某冷库爆炸，引发了连环爆炸，大火吞噬了整个仓库，并夺去 40 条人命，其中包括 12 位中国人。

2. 侵害中国劳工的工资收益权。外派劳务人员出国务工其主要的甚至全部目的在于获得较高收入，因而工资收益是外派务工人员关心的重点，但境外雇主常常借故拖欠、卡扣工资，侵害外派劳务人员合法权益。2003 年 1 月，由于新加坡某制衣企业倒闭，约有 219 名中国劳工失去工作，这些劳工要求回国前返还雇主收取的每人约 1600 美元抵押金、结清拖欠的平均 700 美元工资和回国机票等。但由于该企业负责人逃跑，中国劳工多次向当地政府有关部门投诉要求解决问题时，又碰到冗长的司法程序，中国劳工失去工作，生计困难，从而引发了多起游行抗议事件。

3. 外国雇主单方面毁约，造成中国海外劳工财产损失。中国海外劳工在国外遭受外国雇主单方面毁约也是中国海外劳工财产受侵害的表现之一。例如，2006年1月3日，罗马尼亚巴克乌市的一家制衣厂，当地厂方突然推翻了原先签署的合同，单方面提高了劳动量，使得工人无法获得原来的工资，造成财产损失。近400名中国女工开始罢工，而厂方却以停水、停电、取消伙食等方式对待，侵犯中国海外劳工的基本人权。

4.黑中介诈骗，侵犯劳工的财产权利。黑中介的存在是海外劳工人身财产权利受侵害的主要威胁来源，这些被欺骗的海外劳工轻则倾家荡产，重则在国外受牢狱之灾。马来西亚的普通劳务市场并未向中国公民开放，而且工资水平对于中国人来说也不具诱惑力。目前，马来西亚只吸引部分有技能的中国人前往打工。但是部分"黑中介"以各种诱惑，欺骗中国劳工去马来西亚，使中国劳工蒙受经济损失。2003年，32名福州市平潭县劳工去马来西亚务工被中介欺骗，被马来西亚警察抓进了难民营。2004年，61名江苏籍的劳工得到中介的承诺，到马来西亚从事建筑工作，可是到了以后却没有工作可做，不得不在当地非法滞留。2007年1月30日，27名农民工被浙江省国际交流中心境外移民中心送往马来西亚，但因出境手续不全，这27人到马来西亚非但没有挣到一分钱，反而被当地移民局扣留。

三、中国海外游客安全问题的表现形式及诱因

随着中国经济持续发展，人民生活水平不断提高，中国居民出境旅游[1]的愿望也日益强烈，出境旅游市场持续火暴，2011年，已有7025万人次出境旅游。而出境旅游是众多旅游形式中较为特殊的一种方式，它是一种跨国界的、异族文化的旅游方式。在这种方式下，出境旅游安全问题[2]也变得比境内游更为复杂。近年来，中国居民出境旅游安全问题也

---

[1] 出境旅游（Outbound Tourism）是指本国居民离开本国而到其他国家和地区所进行的国际旅游活动。由于历史原因以及特殊国情，大陆居民赴香港、澳门和台湾地区的旅游政策制定和旅游统计计量方面，均视同国际旅游。因此，中国出境旅游活动实际包括出国旅游、边境旅游和前往港澳台地区的旅游活动。
[2] 出境旅游安全，即特指出境旅游者在旅游过程中，由于人、设备、环境等问题所引发的安全问题。

层出不穷，安全事故屡有发生，安全形势不容乐观。

境外旅游安全既包括传统旅游安全问题与非传统旅游安全问题，这些安全问题以不同的表现形态存在着，对境外旅游的人士造成一定的安全隐患。传统旅游安全问题主要指在旅游活动中发生频率高、比较容易控制、影响范围相对较小的旅游安全问题，即传统"旅游六要素"的旅游饮食安全、住宿安全、旅行安全、游览安全、旅游购物安全和旅游娱乐安全6个方面。非传统旅游安全问题主要指旅游危机、旅游风险等难以预测的、发生频率低并对旅游业造成很大影响的旅游安全问题。旅游危机的表现形态多种多样，主要有恐怖主义、犯罪、战争、政治不稳定、传染性疾病等几个方面，大都是比较难以预测和避免的，这些问题往往在传统问题之下被旅游者们所忽视。具体而言，我国出境旅游安全事故的表现类型大致可分为以下几类（见表2-1）。

（一）威胁我国海外游客安全的恐怖袭击问题

恐怖主义一般是与犯罪、暴力等紧密相连的，实践中的很多恐怖袭击曾经严重影响了埃及、以色列、土耳其、美国、俄罗斯等国的旅游业，造成了很大的负面影响且损害了这些国家的形象，美国"9·11恐怖事件"是最典型的例子。我国海外游客成为间接的受害者。如2004年1月29日，恐怖主义者为了报复以军入侵加沙并打死9名巴勒斯坦人，在以色列耶路撒冷总理沙龙官邸附近发动自杀式爆炸袭击，重伤者中包括1名中国人。2007年9月29日，马尔代夫公园爆炸案中，8名中国人在爆炸中受伤。2010年8月23日，一名菲律宾前警员在首都马尼拉劫持了一辆载有20余人的香港旅游观光车，事件持续了11个小时，菲警方采取强攻方式，8名人质死亡，劫匪被击毙。

海外游客作为国民外交的使者、客源国形象的代表者与文化传递者，其身份特征具有特殊的意义。由于意识形态、领土争端、资源争夺、民族冲突等方面的矛盾冲突，恐怖主义者（集团）瞄准出境的海外游客，将对主权国家的憎恨和不满发泄到旅游者身上。如2009年7月1日，"世维会"

在慕尼黑组织 200 人的抗议示威活动时，袭击了一个中国旅游团。2008年 6 月 10 日，藏独分子在法国残忍殴打中国游客，一名游客右眼被打残。

表2-1　出境旅游安全分类[1]

安全类型	案例类型划分	危害程度	伤害类型	可控性
恐怖袭击	针对旅游目的地袭击	高	人身伤害	难以避免
	针对主权国家袭击			
	针对旅游者			
抢劫	飞车抢劫	一般	财产损失 人身伤害	可避免
	落单抢劫			
	蹲点伺机抢劫			
盗窃	搭讪偷盗	一般	财产损失	可避免
	伪装偷盗			
	车内室内偷盗			
旅游欺诈	强制消费	较大	财产损失	可避免
	消费欺诈			
	合同欺诈			
旅客自身不安全行为	偷盗、赌博、色情行为	较大	财产损失 人身伤害	可避免
	携带海关违禁品			
	个人探险行为			
	其他不安全行为			
其他旅游安全事故	交通事故	—	财产损失 人身伤害	—
	行李丢失			
	自然灾害			
	战乱及政局不稳			
	走失			
	食物中毒及传染疾病			
	其他安全事故			

[1] 杨芳:《中国大陆居民出境旅游安全研究》, 硕士学位论文, 华侨大学, 2011 年, 第16 页。

（二）威胁我国海外游客安全的抢劫、盗窃问题

一些中国游客在海外消费、购物额度很大，无论是机场免税店、市中心奢侈品店，还是大街小巷的纪念品店里，都少不了他们一掷千金的"大手笔"。由于中国游客习惯现金消费，因而常携带大量现金在身，加上安全防范意识较低，无疑成为各地抢劫犯、盗贼注目的对象。例如：2008年7月29日，22名中国游客在马来西亚黑风洞游览时，一伙骑摩托车劫匪突然抢走部分游客的背包和导游的手提袋，里面22本中国护照和证件悉数被抢走。2011年11月，杭州30人旅游团在南非约翰内斯堡东部的布鲁玛地区遭遇一伙持枪劫匪的洗劫，共计20余万元财物被劫，其中包括一颗价值两万元的钻石，还有数本护照。2010年10月8日，几名中国游客在瑞典斯德哥尔摩游玩途中，乘坐的豪华中巴被砸，车中财物被洗劫一空，损失约160万元人民币，创华人在北欧失窃纪录。

（三）威胁我国海外游客安全的旅游欺诈问题

出境旅游市场当前比较突出的问题是：用超范围经营招徕游客，以虚假广告搞价格欺诈，采取"零负团费"方式经营普遍存在，擅自增加自费项目、诱骗游客购物消费和诱导游客参加内容不健康活动等。出境旅游中欺诈问题依然严重。譬如：例如2009年3月24日，徐先生一行60人前往泰国旅游，被逼自费1200元看两小时色情表演，看完表演后脸色发白，女同事称心脏受不了。2005年1月，袁小姐在新加坡旅游当中前往新加坡泛洋珠宝工业有限公司以2万元高价购买只值2000元的人工合成祖母绿项链。

（四）旅客自身不安全行为引发的旅游安全问题

在出境旅游过程中，游客由于自身安全意识差，或者不安全的旅游动机往往造成一些安全事故发生：

1. 偷盗、赌博行为。如2005年2月1日，在菲律宾马尼拉，上海游客在赌场遭绑架，受害人被囚禁4天，国内家属存入115万得救。

2. 携带违法海关禁品。如为了庆祝传统农历新年，2012年初很多中

国游客带着礼物来到澳大利亚，然而他们在通过海关的时候，随身携带了不少不被允许的物品，被边境人员没收，总重竟然高达上千公斤。

3. 探险行为。2010年2月1日，由于当地土著背夫翻脸，中国一业余登山队在前往印度尼西亚攀登世界最高的岛上山峰——查亚峰中途被困于印尼南部的原始森林中。

4. 其他不安全行为。例如2010年9月25日，来自中国辽宁的一对30多岁的自助游夫妻在公园骑过大象之后，丈夫要与大象合影，就站在大象身前与其"亲密接触"，不料已经行走了两个多小时又没有得到食物的大象突然发怒，用象鼻缠住这位男士的脖子猛地扭转，致使他当场窒息，后来在送往医院的途中不治身亡。2012年春节长假期间，连续发生两起中国游客在马尔代夫潜水时溺水身亡事件。

（五）其他旅游安全事故

安全事故的发生有一定的概率和偶发性。相对于针对性的安全事件来说，偶发性的事故占据的比例较大，事故发生的类型也是五花八门，具体表现在交通事故、行李丢失、自然灾害、战乱以及政局不稳定、走失、食物中毒、传染疾病等方面。

1. 交通事故。据《法制晚报》统计的华人遇险概率显示，平均每4起涉及华人的海外车祸事件就有3人死亡。[1] 近年来，我国出境旅游交通事故不断，造成的后果十分严重。例如2009年1月30日，中国上海一旅游团在美国亚利桑那州遭遇重大车祸，造成7死8伤；2月3日，又一中国旅游团在费城和华盛顿之间的公路上发生擦撞事故，两名游客受轻伤。

2. 自然灾害。2004年12月28日，6名在泰国旅游的中国游客被确认在海啸中受伤，11名中国游客受伤在普吉岛医院治疗。2010年4月18日，受冰岛火山灰影响，巴黎戴高乐机场飞往中国的班机16日至17日全线停飞，至今已造成至少500名中国籍旅客滞留巴黎。

---

[1] 李莎等：《华人成"软目标"，在美遭抢最多》，法制晚报电子版，A13 海外安全调查·地域篇（http://www.fawan.com.cn/html/2011-02/07/content_289809.htm）。

3. 走失。2007年9月，俄罗斯莫斯科发生数起老年中国公民与旅游团走散事件。1986年，一对母子在菲律宾旅游街头走散，20年后重归故里。

4. 战争或政局不稳。2008年11月泰国反政府组织人民民主联盟（民盟）支持者涌至首都曼谷素万那普国际机场举行集会抗议，要求政府下台，爆发流血冲突。机场临时关闭，出港航班取消，致使上千中国游客无法离开泰国。2010年2月22日上午，尼泊尔首都加德满都掀起"关闭运动"，尼泊尔境内的近1000名中国游客和华商受到影响，其中约300名游客担心无法按时回国，产生心理恐慌。

5. 疾病与食物中毒。很多饮食业中的个体为了追求暴利和短期获利不顾游客安全，提供不安全的食物从而导致各种各样的如集体中毒、诱发旧病等的事件，给旅游者带来疾病的风险和心理的不良影响。如2009年8月，3个赴圣彼得堡市的中国旅行团数十名游客在当地3家中餐馆用餐后出现发烧、乏力等症状，疑为食物中毒。广州两游客出国游后发病，2例病人均为参加同一国外旅游团，后采样证实为稻叶型霍乱病例。

6. 行李丢失。国际旅游乘机时间较长，通常前往一些欧美国家都要进行中转，而行李的丢失事件不在少数。根据SITA行李软件系统公司的数据显示，全球每年有3000万件行李丢失。我国出境旅游者行李丢失的事件时有发生。例如2005年6月，在文莱机场转机，郭女士丢失价值1万多元的行李包。

四、海外华商安全问题的表现形式及诱因

虽然和平是总的趋势，发展是全球所有人民的共同愿望，但这世界并不太平，安全问题始终是萦绕在海外华商心头的最大阴影。目前华商在海外遇到的风险越来越大，受到的不公平待遇越来越多，人身安全与财产安全问题与日俱增。在各种恐怖活动、刑事犯罪、种族冲突和贸易摩擦中，华商都屡受牵连，深受其害，往往几十年的经营成果会因一个毫不相干的

骚乱、冲突，毁于一旦，损失惨重，而其所受的赔偿却是杯水车薪，不及其损失的千万分之一。在人身、财产受到严重侵袭的时候，部分地区的海外华商还承受着种族歧视，海外媒体的歪曲报道等种种心理压力。加之语言不通，对当地文化习俗、法律不了解，海外华商往往成了"沉默的羔羊"任人宰割。

（一）战乱动荡地区华商安全受侵害的表现

威胁海外华商安全因素中最可怕的就是战争。战争的危害众所周知，其残酷性、难以控制性对人类造成的伤害范围之广、持续时间之长非一般的社会因素所能比。当前世界，还存在战争和恐怖主义活动的动荡地区主要集中在阿富汗、中东的伊拉克和巴以地区。

目前在上述战乱地区主要是长期在中东地区经商的商人。伊拉克首都巴格达最大的超市是中国商人开的，中国商人已经在伊拉克周边地区形成了几个商品集散地，如迪拜就是很大的中国商品市场，浙江义乌的小商品在伊拉克的销售情况一直不错，这些中国商人多半在这一地区经商多年，跟伊拉克有相当密切的关系，哪怕是受战乱的影响也不愿丢掉生意。由于战乱、冲突、自杀性爆炸、恐怖袭击、恐怖绑架等活动猖獗，这些战乱地区民不聊生。在这些地区承包工程支援重建的中国公司及其员工受到严重的人身财产侵害，命丧他国的事件时有发生。

1.战乱的影响下，华商经营惨淡。除了以上的华商因遭受战乱牵连，袭击、绑架和抢劫遭受生命威胁以外，在这些地区华商经营也受到很大的影响，异域淘金梦因战争而化为泡沫。由于中东地区冲突不断，战火连绵，经济遭受严重打击，当地居民民不聊生，购买力低下。由于华商主要从事餐饮、商贸、家具、装修等行业，对社会安定的依赖性本就很大。战乱和治安的恶化，当地居民也尽量避免外出就餐或者购物，在这一地区经营的华人生意惨淡，损失很大。以色列的第一家中国餐馆是1956年在西耶路撒冷靠近老城的"君子堂"，据来自香港的马先生介绍，由于巴以冲突来以色列的旅游团减少，到中餐馆吃饭的顾客锐减，生意比冲突前下降

60%。而耶路撒冷与中餐有关的餐馆有七八家已经关门。[1]

2. 战乱地区民不聊生，针对华商的纯经济性抢劫层出不穷。许多不法分子浑水摸鱼，伺机抢劫、绑架、敲诈、勒索。随着联军向伊拉克临时政府的权力移交，恐怖袭击和暴力事件愈演愈烈。爆炸事件不再集中于西方人来往的宾馆、餐厅或伊拉克警察局，而是频频发生在市中心或美军车队及西方人经过的任何路段，出行的危险陡增，而且难以防范。2005年下半年就发生了多起华商被抢劫的事件，虽然没有造成任何伤亡，但也给华商带来了很大财产损失。

（二）治安混乱地区华商人身安全与财产安全受侵害表现

1. 人身安全受侵害表现。华商虽然遍布世界各地，但21世纪以来走出去的华商则主要集中于开放程度比较高的发展中国家（如非洲和俄罗斯）。华商在这些治安混乱地区人身安全受侵害事件数量之多数不胜数，笔者按其产生的原因和形态将其分为：黑社会滥杀无辜、华商内部刑事犯罪、抢劫后杀人、光头党伤（杀）人、绑架等五种类型。

（1）黑社会滥杀无辜，严重威胁华商生命安全。由于治安混乱，很多国家黑势力猖獗，他们或单独行动或与政府警察勾结起来，无恶不作。在上述地区行径最为恶劣的就是南非和俄罗斯的黑社会，他们视人命为草芥，把杀人当做一种游戏。在俄罗斯远东，中国商人如果按照黑帮的要求交纳正常的租金，一般不会招惹太多的麻烦上身。但是，由于在俄罗斯远东的中国人越来越多，一些在国内犯有前科的人偷渡过来之后形成了自己的黑帮。这一类黑帮对中国商人构成的威胁更大。他们与当地的黑社会，尤其是有政府背景的黑社会勾结起来，为了极小的利益动辄杀人，无数同胞命丧其手。

（2）华人华侨内部自相残杀，危害华商人身安全。南非的犯罪率居高不下，但南非华商最为担心的不是当地社会的黑人犯罪，而是华商圈内部的犯罪。一小部分南非华商在国内时就横行霸道，到了南非因为持枪容易，

---

[1] 钟翠花：《巴以冲突带给华人影响无处不在》，出国在线（http://www.chuguo.cn/news/2199.xhtml）。

且警察办案速度慢,这些人更加嚣张常常因为妒忌、抢劫、仇恨等大开杀戒,对付自己同胞极其残忍和无情,手段极为残忍和毒辣。2005 年 7 月 10 日,南非地方法庭就开庭审理了一宗华人灭门案。经过警方调查,凶手是中国人,而且还是其中一位死者的外甥。

（3）劫匪抢劫后杀人灭口,华商命丧他国。在南非抢劫是最普遍的一种刑事犯罪,南非华商中没被抢过的为数极少。而且南非的匪徒一般都是持枪抢劫,在抢劫的过程中,很容易因为双方冲突导致被抢者伤亡的事件发生,许多被抢的华商都成了这些劫匪枪下的冤魂。如 2006 年 2 月 5 日晚,两名黑人嫌犯持枪抢劫了位于斯普林斯市的一家华人商店。抢劫过程中,双方发生争斗,来自福建的店主不幸被子弹击中胸部死亡,其同伴则被子弹击穿大腿。

（4）光头党袭击,造成华商伤亡。"光头党"大都是 15 至 20 岁的俄罗斯少年,他们袭击外国人的方式从来都是简单粗暴,也从不说明原因。2005 年以来,"光头党"先后在圣彼得堡、莫斯科、沃罗涅日等地制造多起血案,造成多名来自中国、非洲、中亚、韩国的公民伤亡。2004 年 4 月 7 日,在莫斯科做生意的温州商人杨某受到 10 多名 17 岁左右的"小光头党"袭击,最终被打得昏死过去。

（5）为赎金绑架,华商人身安全存在隐患。绑架案件主要发生在南非、尼日利亚、俄罗斯等。譬如,在南非黑帮集团不下 200 个,从事毒品交易、走私等各种犯罪。由于南非华人较为富裕,黑社会专门盯着华人。近年来南非华人被绑架案件时有发生,受害者家人往往被勒索高额赎金,受害人遭受残酷折磨甚至被撕票。2004 年 11 月 3 日,华侨李佳滨一家四口在住所被数名蒙面男子绑架。8 天后,南非警方认定李佳滨一家四口全部遇害。"李佳滨灭门案"极大地震动了南非社会。

2.财产安全受侵害表现。在上述治安混乱的地区,各种刑事犯罪不仅严重威胁着当地华商的人身安全,也影响着华商的财产安全。再加上这些国家在发展过程中政府政策的不稳定性及贸易壁垒,华商在赢利的同时也遭受着巨大的财产损失。华商的财产安全受损主要表现在以下三个方面：

（1）匪徒频繁抢劫，华商财产损失严重。在南非时常有警匪勾结，保安与匪徒勾结合伙抢劫华商的现象。2011年5月4日上午，南非约堡西区一华人商城内发生抢劫案，3名歹徒来到华人店前，踹开玻璃门后，两名持枪劫匪站在门口，用枪威胁店中唯一一名女性华人以及旁边店里的华人不要乱动，被匪徒抢劫的现金可能达到数百万兰特。在南美洲与南非一样华商也经常被抢，所不同的是匪徒对华商的抢劫主要集中在华人餐馆。以南美洲的圭亚那共和国为例，在2005年12月9日晚，2个小时之内就有两家华人餐馆被抢，总经济损失过50万美元。

（2）当地外侨政策对华商经济产生冲击。2006年10月，时任俄罗斯总统的普京亲自下令督导俄政府整顿经济秩序之后，11月15日，俄联邦政府总理马上就颁布了一个2007年1月15日生效的第638号政府令，宣布从2007年1月1日起，外国务工者将被禁止在俄罗斯从事酒类和药品贸易。自2006年11月市场整顿令下达两周之内，俄罗斯首都莫斯科和"北方之都"圣彼得堡的部分市场已经变成"空城"，那些来不及申请工作许可证或者不想拿命运冒险的外国零售商包括华商已经纷纷离开。但无论是离开或是留下，在俄罗斯零售市场打拼的中国商贩都是猝不及防，进入了进退两难的境地，都损失惨重，甚至血本无归。很多目前还留在俄罗斯的华人零售商都改变经营策略，不再进货，只想尽量甩掉手头的存货，尽量减少损失。

此外，国外执法人员的不合理罚款和敲诈勒索行为也是造成华商财产安全受损的因素之一。[1]

（三）相对安全地带的华商安全问题

在经济比较发达的国家和地区，如欧洲、北美、澳洲以及日韩等，由于其经济发达，各种社会法律制度比较完善，因而社会相对稳定，治安较

---

[1]《旅俄华人的"三怕"：警察 海关 光头党》，新华网（http://news.xinhuanet.com/overseas/2005-05/23/content_2991592.htm），2005年5月23日。

为良好，所以是世界上相对比较安全的地区。在这些地方除了华商内部和少数族裔之间斗争容易造成的伤亡外，华商的基本人身安全不会受到太大的威胁。但这些经济发达的国家也有社会发展过程中固有的矛盾，比如：种族发展不平衡，各族裔之间的文化冲突，大规模的种族骚乱等等，也会牵连华商，给华商经营带来种种损失。因此，在相对比较安全的发达国家华商安全受损则主要表现在财产方面。其表现主要有以下四种：

1.政府针对华商的查抄。中国企业在走出去的过程中，没有经验借鉴，像改革开放之初一样，纯属"摸着石头过河"，对东道国的国情、法律、风俗不了解，会引起当地人的误会和偏见。所以当地政府对华商所经营的企业也格外"关照"，做出针对中国企业的突击检查，甚至制定出限制中国企业入关或发展的政策。这些做法严重阻碍了中国企业在海外的发展，损害了海外华商的利益。政府针对华商查抄的现象发生于世界各国，但以欧洲最为严重。譬如，2005年3月30日，葡萄牙政府组织的"东方行动"就是一个典型的代表。从2005年3月30日开始，葡萄牙各城市政府部门组成的检查队，对全国范围内130家中餐馆进行了一场名为"东方行动"的暴风式突击检查，矛头直指中餐馆卫生条件。5天内，共查封了14家他们认为卫生不合格的中餐馆，有3家餐馆由此面临刑事诉讼。同时，检查队还以卫生条件不合格等为由开具了131张罚款单，对中餐馆处以从25欧元到7500欧元不等的罚款。被罚的餐馆主要是因为卫生不合格、厨具不规范、雇工不当等。

2.民间贸易壁垒，冲击海外华商。自从WTO成立以来，发达国家为防止发展中国家廉价产品对其同类产业的冲击，设置了一系列贸易壁垒。这些壁垒除了反倾销、反补贴和保障措施等政府措施以外，还包括一系列被民间化了的措施，和民间有组织的或自发的对外国产品的抵制行为，统称民间贸易壁垒。它是非政府主导型的自发行为，其产生具有极大的不确定性和突发性。2004年9月16日的晚上，数百名当地人攻击了西班牙东南部小城埃尔切中国鞋店，烧毁了中国鞋城价值100多万欧元的鞋子。这是西班牙有史以来第一起严重侵犯华商合法权益、野蛮排斥华人的暴力事件。[1]

3. 种族冲突及骚乱危及华商。海外华商在当地的经营不仅仅受政治因素、经济层面的影响，还有诸如种族矛盾等不可调和的因素掺杂其中，使海外华商的经营状况步履维艰。例如：2005 年 11 月，法国发生了从巴黎市郊蔓延至法国全境的骚乱。400 名当地青年走上街头，焚烧汽车和垃圾桶，打砸店铺和一所消防站，与数百名警察发生正面冲突。接下来更加激烈的暴力事件由克利希苏布瓦市迅速扩展到其他市镇及周边 3 省，之后在全国蔓延。在这场骚乱中，5 家华商仓库在法国巴黎郊区骚乱中被焚毁，其中最大的一座仓库位于因举办巴黎国际航空展而闻名于世的布尔歇市，面积达 9000 平方米。

4. 当地社会发生歧视和排斥华商的恶性事件。欧洲一些华商反映，欧洲某些白种人有强烈的种族主义，非常歧视华侨华人。某些煽动者认为华人"顽固不化"，从来没把欧洲当成自己的家，没有接受当地的生活方式，同时认为近年来中国移民数量大幅增长，给他们带来了生存的威胁。在这种不满情绪引导下，一些欧洲人通过对华人、华商的暴力事件来发泄不满。例如 2004 年 2 月，澳大利亚三家中餐馆被人恶意烧毁，起因是由于当地人对华人的民族偏见。

第三节　维护中国海外公民安全利益的路径与方略

中国海外公民安全问题是一个多重因素结合而产生的现实问题。要从根本上消除中国海外活动中的安全隐患，既需要国际社会的共同合作和联合应对非传统威胁，更要公民提高安全意识和防范能力。现阶段，面对日益严峻的海外安全挑战，多方联动、加紧构建一张保护中国公民生命财产安全的"保护网"，建立和完善中国公民海外安全保护机制，已经成为相关部门的主要任务，也是维护中国海外公民安全的有效途径。

---

[1] 万冰：《中国海外投资的风险分析及防范》，载《中国法制社会》2006 年第 8 期，第 90 页。

一、中国海外公民留学安全问题的防范及应对

伴随着留学国别、留学层面呈现出多元化和复杂性等新的变化，由于各国所持有的利益不同，加之以往缺乏有效的管制和立法，造成学生流动市场存在各种不规范的竞争，给国家、学校和个体带来了许多风险。强化风险意识，培育应对风险的能力，建立和健全学生国际流动风险的防范体系成为当务之急。

（一）建立跨境教育质量保障体系

学生的国际流动风险并不为某个国家或地区所独有，而是全球共同面临的课题。对流动风险进行有效应对也不仅仅是一个国家或地区的责任，而是世界各国的共同责任。中国作为全球最大的国际学生输出国，其留学生的质量和水平也必然对输入国产生较大的影响。可以说，加强留学风险防范是多方共赢的条件。必须突破既有的利益障碍，寻求多方面、多层次的合作，共同建立国际学生流动风险治理的国际合作战略。

1.加强与国外教育中介机构的合作，做好境外教育机构资质鉴定

做好境外教育机构资质鉴定是预防留学生教育服务质量风险的最有效的前提。鉴于庞大的世界高等教育市场以及众多的学校和专业设置，不同的教育体制和管理体制，对于中国学生来说，选择留学地和专业是十分困难的，只借助留学中介机构提供的信息，往往存在信息不全面、不真实甚至虚假信息等问题。对此，中国政府应该加强与其他国家的沟通合作，特别是加强与国外教育中介组织尤其是教育评估中介组织的合作十分必要。通常许多国外教育评估中介组织是十分专业的机构，是介于政府、社会、学校之间的信息传递为主要手段的媒介性组织。[1] 其主要职能是接受政府、学校以及其他的社会机构和公民个人的委托，对一个国家或某个地区的学校的教育质量、办学水平和社会声誉实施评估和鉴定。另外，他们还通过大量的信息收集和科学的评估鉴定，为政府及个人提供决策和信息咨

[1] 颜丙峰、宋晓慧：《教育中介组织的理论与实践》，上海人民出版社，2006年版，第67页。

询服务。英国高等教育质量保证署（QAA）、澳大利亚的大学质量保证署（AUQA）、美国的高等学校评估机构认证委员会（CORPA）等，由于这些教育评估中介组织具有较强的专业性，并独立于政府和院系之外，所提供的信息相对比较真实可信。因此，我们应该加强与他们的合作，获得境外教育机构的准确信息，并通过官方网站发布国外教育机构资质情况信息，作为学生留学的重要参考，从而避免选择劣质高校。

2. 建立我国留学人员境外教育权益协调保障机制

在维护海外学生权益方面，许多国家出台了一些法规政策来规范各院校对海外学生提供的教育与培训服务。如澳大利亚政府制定了《1997年海外学生教育服务（注册收费）法案》以及《招收海外学生的教育与培训机构及注册审批机构的国家行业规范》，实行全国统一的院校审核登记制度。2000年又颁布了《海外学生服务法》，采取学费与保障措施，并制定了《学费保障计划》。澳大利亚还建立了海外学生教育服务保障基金，该基金成立于2000年，澳政府拨款100万澳元作为启动基金，即便学校倒闭，海外学生仍可继续在澳大利亚其他院校就读或者要求退还学费，从而保障了消费者的合法权益。2004年澳大利亚又发布了《国际学生指导保护行业规则指南》，这些法律可以保护持学生签证来澳大利亚留学的海外学生的权益。

尽管许多国家有了相关的法律法规来维护学生的利益，但是，一旦出现留学生利益受损害的情况，依法诉讼期限过长，环节较为复杂，特别是留学生对国外的法律不是很清楚，学生利益难以及时得到有效维护。对此，我国应该通过磋商，促使有关国家建立针对我国留学生的权益保障司法援助机制以及政府及时救济机制，要求外国政府采取切实可行的措施加强对其学校的管理，维护我留学人员的合法权益。

（二）完善留学中介市场监管体系

随着国际教育服务贸易市场的逐步开放，国家、地区间的学术交流与合作进一步加强，人民生活水平的逐步提高，在教育国际化思潮的推动下，走出国门接受国外的教育已是平常之事。现在自费留学已经成为现代留学的主流，极大地推动了留学经济的快速发展。巨大的留学市场也为留学中介机构提供了广阔的发展空间。毫无疑问，留学中介机构在社会经济生活中扮演着重要的角色。据统计，在自费出国留学生当中，通过留学中介出国的占到了80%，许多学子正是通过留学中介实现了留学的梦想。必须承认，如果没有留学中介的积极推动，就难以出现如今千军万马留学的宏大局面。市场化和产业化已经成为目前留学活动的基本运作方式。但是如何规范留学市场，充分发挥留学中介的积极作用，是预防留学风险的有效途径。

1. 制定留学中介行业准入机制

自费出国留学中介服务属于特许服务行业，教育部、公安部和国家工商行政管理局在1999年制定的《自费留学中介服务管理规定》和《自费留学中介服务管理规定实施细则（试行）》中规定，所有自费留学中介必须向当地教育主管部门提出申请，经审核同意后报教育部和公安部进行资格认定。通过资格认定的再到当地工商行政管理部门办理企业登记注册手续，同时到其所在地的公安机关出入境管理部门备案，否则为非法的中介机构。截至2012年3月6日全国共有419家中介机构通过了教育部的审批。[1]

2. 加快行业立法，完善留学中介法律法规体系

尽管教育部和公安部、国家工商行政管理局在1999年制定了《自费留学中介服务管理规定》和《自费留学中介服务管理规定实施细则（试行）》，也于2003年出台了《自费出国留学中介服务委托合同（示范文本）》，但是总体来说，自费出国留学服务体系尚不健全，还缺乏有效的制度和机制上的保障。目前中介市场鱼龙混杂的局面一时还难以完全改变，即便经过教育部资格认定的中介机构水平也不尽相同，有些甚至还违规操作。有必

---

[1]《自费出国留学中介服务机构名单》，中国教育部（http://www.moe.edu.cn/publicfiles/business/htmlfiles/moe/moe_232/200508/11251.html），2005年8月。

要针对现阶段留学市场中存在的问题进行分析，找出其中的管理漏洞，及时加以修复，特别是制定一个与留学中介相关的法律是十分必要，使出国留学中介的活动和行业管理做到有章可循、有法可依，逐步实现法制化，促进教育中介服务工作真正走向一条健康、有序发展的道路。

3.建立留学中介行业协会，推进行业自律

由于出国留学业务具有较强的专业性和涉外性，教育、工商、公安等部门对该行业的专业知识相对缺乏，在管理中难免会出现由于对留学中介行业的专业性把握不好而管理不到位的情况。成立留学中介行业协会，可以发挥留学中介行业协会监管职能，建立中介组织自我约束、自我发展、自我完善的自律机制，进行规范的行业管理。通过制定建立行业规范服务标准，推行自费出国留学中介服务行业规范，制衡留学机构的利益竞争，保障留学中介机构和自费出国留学人员双方的利益。

4.建立留学中介行业服务质量评估体系

成立中介组织评估协会，定期对留学机构和组织进行评估，为留学中介评级，建立留学中介人员信息管理系统，组织开展留学中介从业人员的培训，提高从业人员的素质和业务水平，推进留学中介服务从业人员队伍的专业化、职业化建设，提高服务质量和水平。通过制定留学服务满意度指标，定期从留学中介的服务对象中抽样跟踪调查，将调查结果通过媒体或留学监管网向社会公开，作为留学者选择中介时的参考依据。

（三）建立和完善国际学生流动服务体系

1.中国高校对出国留学生的支持服务

学生的国际流动是许多院校国际化战略发展的重要组成部分，在推动学生国际流动的同时，做好出国学生的选拔、教育、培训工作，应对各种风险，也是各院校必须做好的重要工作。

（1）加强中外院校合作交流，促进学生国际流动健康发展

院校间国际合作不仅是高校实现教育国际化的重要途径，也为学生国际流动提供更多的交流机会。目前许多中国高校和国外院校建立了合作交

流项目,其中涉及学生跨境流动的项目主要包括中外合作办学项目和交换、交流学生项目。从防范学生国际流动风险角度来看,这种院校合作交流有以下优点:首先,合作院校通常是在相互信任、相互了解的基础上建立的合作关系,学生之间的交流不仅有协议保障,而且双方都有专门的机构负责对学生的选拔和考核,在学生流动过程中如果遇到问题也能得到及时的帮助和解决。其次,对交换学生而言,在国外学习期间,不仅能感受到与国内教育不同的教育理念,更重要的是如果学生在毕业后选择出国进一步深造的机会,这种交换学习的经历,为将来的出国留学奠定了良好的基础。他们不仅在语言上有更好的交流能力,而且能更好地适应国外大学的教学方法,能尽快地融入当地的文化之中,从而缩短了学生的跨文化适应周期,大大减少了留学不适应的风险。

（2）加强教育教学改革,提高学生综合素质

良好的综合素质是留学生在国外健康地学习、生活,顺利完成学业的重要基础,也是应对各种风险的有效保证。许多国外高校的教学理念强调以学生为中心,重视师生之间的交流互动,鼓励学生以团队形式完成某个项目或作业,培养学生的团队合作精神。因此,我们必须要转变中国现行的教育制度和教育理念,强化素质教育,培养学生创新精神和实践能力,以便使学生能够适应国外的教学方式,顺利完成学业。

2. 建立学生国际流动社会服务体系

（1）搭建信息平台,为留学决策提供科学依据

留学信息是学生及家长做出科学、理性的留学决策的重要依据。解决学生国际流动中的信息不对称问题,是有效预防和减少流动过程中各种风险的关键所在。其解决路径可以分为两种:一是最大限度地增加准确信息的供应量,二是最大限度地减少虚假信息的出现,两者相辅相成、互为制约。

因此,加强对网络等媒体的信息管理尤为重要,一方面,对网络虚假不实的广告要依据相关法律来进行严厉打击,同时,作为政府部门,要主动占领网络阵地,发布权威、真实、可靠的留学信息,维护广大留学生的

根本利益。目前，教育部留学服务中心建立了教育涉外监管信息网，信息网包含各种留学政策法规、重要动态、留学预警、热点问答、名单公布、投诉举报、典型案例等，以便广大学生和家长通过网络的方式来咨询和了解涉外教育方面的信息，通过网站公布与留学中介工作相关的各种信息，引导广大求学者及其家人谨慎选择国外院校和委托代理的中介机构，提高广大求学者维护自身权益的意识和能力。

（2）充分利用领事保护机制，为海外学子提供及时的帮助

所谓领事保护，是指派遣国的外交、领事机关或领事官员，根据本国的国家利益和对外政策，在国际法允许的范围内，在接收国保护派遣国的国家利益、本国公民和法人的合法权益的行为。中国政府在各国的领事馆代表了中华人民共和国行使对中国公民的生命财产安全的保护，对于在海外留学的学子来说，领事馆是最安全的避风港。根据国际通行的对"海外利益"的界定，海外公民侨民的人身及财产安全居于一国海外利益的首位。目前，中国在外国共设立了86个领事保护专门机构，包括总领事馆、领事馆和领事办公室，加上其他外交机构（驻外使馆和团、处）总共有200多个，中国同外国签订的领事条约、互免签证协定等约有140多个。各驻外使领馆也根据驻在国的形势收集各国政治、经济、法律、交通以及社会治安等情况，发布各类安全警示信息。所以，当中国留学生在国外受到不法侵害，或遇到学习生活等困难时，首先应向中国驻外使、领馆寻求保护和支持。

（四）建立学生国际流动风险个人防范体系

纵观近年来发生的大量海外学子安全事件，不难发现其中的主要原因在于这些留学生缺乏足够的安全风险防范意识，以及对各种安全风险如何规避、控制、化解的能力。所以，对留学生个体而言，加强留学风险防范意识，提高应对风险的能力尤其重要。

1.合理规划，增强留学风险防范意识

出国留学是个牵一发而动全身的系统工程，关乎一个人或一个家庭的

前途，正确、理性的规划是学生留学成功的关键，也是规避留学风险的有效手段。规划为留学提供了切实可行的路线图，可以引导学生做出正确的选择，避免走弯路。合理的留学规划是建立在对自身和环境的正确判断的基础上，因此，学生应该对自己的现有条件如个性特征、学业水平、兴趣爱好、家庭经济实力和未来职业定位等有比较清晰的认识。海外留学生在留学目的地的选择时需要考虑留学地的生活语言和课程使用语言，留学地的学费及生活水平，留学地的社会状况及安全系数等因素。

2. 提升外语语言能力

语言是交际工具，也是留学生在目的国生存的重要手段。尽管出国前大都经过语言测试，许多人托福、雅思考试成绩较高，但是，从目前留学生的普遍反映来看，绝大多数留学生的语言交际能力还有待提高，一方面不能听懂当地人的口音，另外，学生在平时课堂讨论及书面表达上与国外大学生差距较大，从而导致在学习、生活过程中遇到交流上的困难，因此，留学生出国前要有意识地重视这方面技能的锻炼。

3. 充分了解留学目的国社会文化教育特征

中西方文化存在着巨大的差异。不同地域的社会、国情、经济、文化都可能迥然不同。留学生出国前，尽可能了解目的国的风土人情、生活方式、价值观念、思维方式、宗教信仰和民族心理、民族性格、治安状况、交通状况及相关法律法规，做好心理准备和预防措施；尽可能融入到当地的社区文化当中，缩短文化适应的时间，避免由于文化差异带来的各种文化碰撞和冲突。

二、中国海外公民劳务安全问题的防范及应对

中国海外劳工的人身财产及其他合法权益是中国海外利益的重要组成部分，而海外利益又是境外的国家利益。保护中国海外劳工人身和财产安全是政府义不容辞的职责，我国政府已经开始着手完善海外劳工在境外务

工的服务体系，保护海外劳工的人身安全和财产权利。

（一）政府层面：完善海外劳工在境外务工的服务体系

1. 战略高度重视中国海外劳工的安全问题

鉴于中国海外劳工在中国未来经济中的地位以及其本身相对于其他在海外的中国公民（如海外留学生、海外游客、华商、驻外外交官等）的特殊弱势性，中国应从战略的高度重视中国海外劳工的安全，强化自身对人权的重视，维护负责任大国的形象，一定程度上弱化中国威胁论，有利于中国实施和谐社会与和谐世界的理念。中国应从中央到地方，从国内到国外设立相应的组织和协调机构，加强保护海外劳工的立法，多元化拓展财政支持资金的来源，形成一套完整的保护体系。

2. 加强海外安全风险评估

凡事预则立，最好的保护是加强风险评估，最大程度避免各类风险对中国海外劳工的人身和财产的威胁，将损失减少到最低的程度。依据当前中国的国情，建立"官民并举"的海外安全评估机制是比较适合的。首先，应尽早建立政府海外安全风险评估机制，政府应组织有关部门，对中国企业希望投资的国家和地区，工程项目受援国的政治、安全形势、治安状况等进行动态的综合风险评估，并无偿地把这些信息提供给希望走出去的企业，由中国企业根据这样的风险评估决定自己该不该向这个国家或地区投资。其次，应尽快建立民间海外安全的评估机制，作为政府的海外安全风险评估机制的补充，民间的评估可能会更好地站在企业的角度，作出企业自身的安全风险评估，最终走向官民并举的海外安全评估机制。

3. 形成一套独立的海外劳工保护的机构和机制

中国海外劳工人身和财产权利的保护涉及国内劳务输出单位、商务部、外交部、人力资源与社会保障部、国安部、国资委、公安部和劳务输出驻在国用工的中资机构、国外的雇主以及实施主要保护职责的中国驻外使领馆等单位，整合现有的所有资源，最大限度地加以利用，逐渐形成一套独立的海外劳工保护的机构和机制。如外交部针对海外劳工的人身和财产受侵害等突发事件，于 2007 年 8 月 23 日，正式成立外交部领事保护中心。该中心成为专职处理中国公民领事保护事务的政府部门，为出境人员提供全方位的保护，并已收到一定效果。全国政协委员，中华全国总工会原副主席、书记处书记徐振寰建议，加强政府管理和服务职能，在已具备有关部际联席会议制度基础上，设立隶属于会议的常设性的"企业海外用工管理工作组"，并在中资企业集中的国家或地区的驻外使领馆设立劳务参赞。[1]

国内企业在境外开办企业、开展工程承包和劳务合作等业务，商务部有关主管部门在审批核准时，应事先就当地的安全形势征求驻外使馆的意见；要从国别（地区）投资环境、投资导向政策、安全状况、双边关系、地区合理布局、相关国际义务等方面进行审核等。人力资源与社会保障部会同保险机构，继续研究做好与有关国家签订双边社会保险的协定，开发、完善与境外劳工保护相关的险种的工作，扩大保险的规模，增加保险的险种，拓展担保的范围，更好地维护海外劳工的权益等。

4. 国内立法保护海外劳工权益

对海外劳工的侵害主要来自于两类风险因素：一类是不可控风险，如战争、恐怖主义等；另一类是可控风险，如各行为体的管理因素。前者主要是依靠政府的风险评估加以预防，而对于后者则可以从事先立法的方式加以降低或杜绝。当前，中国现有领事保护的相关法律依据主要两方面：一是与外国签订的领事条约和参加的国际公约；二是国内法，包括《国籍法》、《继承法》、《中国公民出入境管理法》、《海商法》等。目前，缺乏专门的法律法规来规范和管理涉外安全事务，保护境外人员与机构安全。因此，当务之急是要尽快制定一部专门保护海外中国劳工人身和财产权利的国家法律，以国家立法的形式保护海外中国劳工安全。[2] 通过立法，规定

---

[1] 郑莉、张锐：《政协委员徐振寰：设立劳务参赞保护海外员工权益》，人民网（http://acftu.people.com.cn/GB/17312968.html）。

[2] 徐合献：《构筑我国海外施工人员的安全防护墙》，中国国际工程咨询协会网（http://www.caiec.org/2005/column_view.asp?id=152）。

相关职能部门在中国境外人员与机构安保工作中的职责任务。既要有总体领导协调，也要根据不同职责部门的工作侧重，明确不同环节的牵头部门。这样，可以形成统一协调领导、分工明确、重点不同的完善的涉外安全工作机制。通过立法，还可进一步明确政府、机构与个人在涉外安全上的地位与作用。政府需要利用国家资源，重点解决机构（如企业公司等）力所不能及的涉外安保工作。机构在做好相关内部安全防范与应急处置措施的同时，也应发挥民间外交的优势，与政府层面的作用形成呼应。个人则应配合政府与机构的涉外安全工作，不断提高自身安全防范素质。总体而言，可使政府、企业和个人之间形成良性互动，共同分担安全成本。[1] 全国政协委员，中华全国总工会原副主席、书记处书记徐振寰建议完善法律法规，规范境外中资企业和外派劳务人员之间的劳动关系。如尽快出台《对外劳务合作管理条例》的正式稿，并出台相应的实施细则、"司法解释"和"操作手册"，在遇到安全等权益问题时，使海外员工有法可依。[2]

5. 积极开展国际合作

我国政府应积极签订双边和多边的劳务合作协议，扩大输出，保护外派人员的合法权益。例如，与我海外劳工众多的国家诸如美国、俄罗斯、加拿大、日本、英国等国签订双边条约，利用双边条约的方式保护我海外劳工的权益。条约的内容应尽可能包括医疗和工伤保险这样的重要事项，这样才可以切实保护我海外劳工的安全。同时积极参与多边劳务合作谈判，利用多边条约保护我海外劳工的安全。

同时，中国应加强与国际劳工组织的合作。目前，国际劳工组织约有 150 多个成员国，我国是其成员国之一，享有一定的权利和义务。随着成员国数目的增长，它的活动也有了相当大的变化。在以改善工作与生活条件和促进充分就业仍作为该组织中心目标的同时，它还处理职业安全与

[1] 廖雅猛：《中国设海外机构保护劳工》，香港文汇报（http://paper.wenweipo.com/2004/06/16/CH040616 0007.htm），2004 年 6 月 16 日。
[2] 郑莉、张锐：《政协委员徐振寰：设立劳务参赞保护海外员工权益》，人民网（http://acftu.people.com.cn/ GB/17312968.html）。

卫生、工人和管理人员培训、劳资关系、妇女和移民工人、社会保障以及其他紧迫的社会问题。国际劳工局是国际劳工组织的常设秘书处，总部设在瑞士日内瓦，并在泰国首都曼谷设有国际劳工组织亚太地区局。国际劳工局和亚太地区局在开发亚太地区人力资源，引导各国劳务输出行业进行科学管理等方面做了许多有益的工作。加强我国政府与国际劳工组织的联系与合作，促进规范化的境外就业，努力改善境外就业劳动者的工作条件和安全条件，能充分利用国际资源开展中国海外劳工保护。除了加强与国际组织的合作，还应利用区域性合作框架开展劳工保护合作。例如，2007年1月，第12届东盟峰会签署了旨在保护和促进海外劳工权益的《宿务宣言》——这是东南亚地区第一份有关劳工保护的文件。中国应利用中国与东盟的"10＋3"机制开展地区性劳工保护合作。

（二）企业层面：增强海外风险意识、践行企业社会责任

"走出去"企业必须转变安全观念，把安全问题作为其他经营活动的基础。企业应与国家政府相关安全机构保持密切沟通与合作，寻求指导性意见，并据此调整到不同地区与国家进行经济与商贸活动的安全对策级别。[1]

1. 增加安全防范意识，采取更有力的安全保障措施

中国公司要增加安全防范意识，做好外围管理，在目标市场选择、投标竞价、合同谈判等方面慎重决策、未雨绸缪，为消除可能发生的突发事件最大限度地降低可能造成的损失，提前在人员保卫、经济物资保障方面做出安排。同时在海外招投标过程中应加大安全成本预算，采取更有力的安保措施，并事先做好充分的安全防范预案。近期一系列恶性事件暴露出我驻外劳务人员在安全防范上存在的疏漏，工地都不设防，缺乏足够的安全条件和设备。中国驻外机构，特别是工程承包机构，应在工程区和生活区加高院墙，安装电网和24小时电子监控设备，临街建筑和车辆最好装上防弹玻璃，外出时最好不要在车辆上安插显示外国人身份的旗帜或标志，

---

[1] 万冰：《中国企业海外投资的风险分析及防范》，载《法制社会》2006年第8期，第31页。

准备充足的防弹衣和防毒面具，为员工购买反恐保险等。同时建立严格的外出请假制度，以防患于未然。其次，在伊拉克、阿富汗等高风险的特殊地区，中国参与援建的单位与被援建单位、被援建国之间必须有联合的安全防范措施。还可借鉴美国、英国等欧美国家的经验，必要时聘请外国安保公司或专业性准武装部队性质的力量来从事安全保护工作，以保护中方劳务人员的安全。

2. 践行企业社会责任，广为宣传中国的形象

践行企业社会责任是针对"走出去"的中资企业，还有负责劳务输出的中国中介公司。对于走出去的中资企业和对外承包工程项目的企业来说，要提高跨文化管理能力，守法经营，积极作为。在海外经营中，要遵守当地法律法规，尊重、适应当地风俗习惯，按照当地文化习惯处理社会责任问题。要在环境保护、社区稳定、商业诚信、社区公益、慈善活动等方面积极作为，力争公司利益和社区发展的双赢，在当地居民中树立企业和国家良好形象。要在当地广为宣传中国的形象，中国所建的工程项目将为当地创造巨大的财富和就业机会。比如，可在工程开展的同时拿出一部分资金为当地建些学校、医院、公路、桥梁、水渠等，让当地人从活生生的事实中感受到中国人的一片真情。[1]

如中国葛洲坝集团股份有限公司自 2005 年进入东盟市场以来，在东盟地区累计承接了 31 个工程项目，合同金额逾 163 亿元人民币，项目涉及水电、公路、房建、灌溉、桥梁、供水、输变电等领域，分布在缅甸、老挝、柬埔寨、菲律宾、印度尼西亚等国家。上述项目实施过程中需要大量的生产、生活物资和劳务人员，该公司实施项目"资源配置国际化、劳务管理属地化"战略，尽量使用工程所在国的物资供应，聘用当地人就业，注重提高当地雇员、工人的工作技能。公司将环保理念和行动贯穿到生产经营的每一个环节，使绿色环保施工做到了有章可循。该公司还从当地人

---

[1]陈一鸣、黄培昭:《中国劳工在海外风险增大, 2000 万人应该怎样保护》, 2004 年 6 月 16 日《环球时报》, 第 7 版。

民最亟待解决的问题入手，积极参加当地的公益活动，向东道国灾区和贫困人群捐款捐物，为项目所在国修建公路和供水系统，维修寺庙、水井等公共建筑和设施；此外，针对所在地医疗设施差、医护能力弱的现状，为当地百姓免费提供医疗服务。通过以上公益活动，使中国葛洲坝集团股份有限公司在项目所在地树立起了负责任的中国公司良好形象，得到了所在国政府和社会的赞誉。[1]

3. 加强对劳工的安全教育

我国有大量的劳务人员在国外主要是从事脏、累、险的三行业，遇险的概率比较大，再加之来自企业的安全教育匮乏，使我国海外劳务人员被炸伤和被绑架事件不断发生。因此，驻外机构还应有针对性地、更主动地开展对中国海外劳工的反恐自救教育，强化赴外务工公民的防范意识和"自保"能力，使劳务人员遇事不乱，尽量避免成为受害者。其次要抓好对外劳务人员出国前的适应性培训，强化国内外法律规章教育、外事教育、所在国风俗习惯教育和日常用语教育，最后要加强劳工的求助意识，散发一些小册子给海外劳工，提醒他们在国外生活和工作要注意的事项，对他们进行危机的处理能力训练，常备不懈，比如公布公司的求助电话以备不测等。要求劳务人员熟悉我国驻东道国使馆的联系方式和电话等。[2]

（三）劳工层面：增强法律和安全意识，提高自我保护能力

1. 遵守当地风俗习惯和法律

中国海外劳工应积极了解当地的语言、法律、风俗。目前，由于语言等方面的障碍，许多中国海外劳工由于不懂驻在国的语言，引起了不必要的麻烦。同时要与驻在国公民建立良好的关系。尊重当地风俗习惯，尊重当地政府规定，尊重当地宗教信仰，与当地居民友好相处。比如在伊斯兰国家不饮酒，不买卖酒，斋日期间不在公共场合抽烟或吃东西。海外劳务人员还可以通过当地的华文报纸和媒体，了解当地政治、经济、法律和社

---

[1] 吴成良：《中资企业在东盟积极履行社会责任》，企业社会责任中国网（http://www.csr-china.net）。
[2] 许思佳：《21世纪初中国海外劳工安全问题探析》，硕士学位论文，外交学院，2008年，第49页。

会文化生活，尽可能降低风险，减少损失。如 2008 年年初，部分中国在以色列劳务人员由于缺乏对当地入境法的了解，被其雇佣公司以工作时间超过 5 年为由要求尽快离境，造成不必要的经济损失。因为据入境法规定，外籍劳工自入境之日起，在以色列工作时间不能超过 63 个月。[1]

2. 增强法律和安全意识，提高自我保护能力

中国劳工在海外安全得不到保障的致命伤是法律意识薄弱。随着越来越多的中国劳工随着中国对外承包企业和劳务公司的对外派遣形式走出国门打工，中国海外劳工应多了解驻在国基本的法律知识，特别要了解一些有关外籍劳务人员的劳动工资、福利、安全生产、生活保障等方面的规定。当人身安全和财产权利受到侵犯时，应该拿起法律的武器，团结一致，依法力争，抗争到底，只有这样才能尽可能地保护自己的各项权益，把危害降到最低。

三、中国海外公民旅游安全问题的防范及应对

保障出境旅游人员的安全，促进我国乃至全球旅游业的蓬勃发展，推动全世界文化融合和和谐发展，已成为新时期安全管理工作中的重点课题。纵观近年来让人触目惊心的出境旅游安全事故，建立科学长效的出境安全保障机制迫在眉睫。

（一）强化出境旅游安全意识

1. 加强对出境旅游者安全意识的培育

针对出境旅游者安全知识欠缺的情况，首先旅游管理部门和安全管理部门要拓宽多种渠道向旅游者宣传安全知识，例如出境出行必备物品、不同国情介绍、预防接种、陷阱提示等方面的知识。其次，针对目前出境旅游安全状况，在一些电台、报刊、网站、广播开展专门出境旅游的专栏节

[1]《出国打工要注意遵守当地风俗习惯和法律》，中国国际劳务信息网（http://www.ciwork.net/news/a2008319118625.htm），2008 年 3 月 19 日。

目，向更广泛的人群介绍出境旅游常识、不同旅游目的地的禁忌、出境注意事项等安全知识。

旅游者被赋予国家文化大使的身份，成为民间交流的外交官。除了文化体制上的不同引起的冲突之外，国人的素质的确亟待提高。首先，政府要对旅游者的失范行为进行监督和规范，通过渐进的教育引导，使旅游者的文明行为观念进行改善；其次，旅游者要规范自身行为，避免和减少到一些不安全的地点和参与一些危险系数较大的项目。

2. 加强旅游企业安全管理

旅游企业在制定出境路线时，对一些恐怖袭击常发的国家和地区要谨慎处理，出团时避开恐怖分子活跃的地区，躲避自然灾害频发的季节，尽量避免不必要的安全事故发生。对于一些危险地段要及早预防，掌握目的地的最新安全状况，无法避开的景区和路线要及早部署，防微杜渐，未雨绸缪。

相较于其他工作而言，导游工作本身对综合素质的要求较高，而由于出境旅游活动的复杂性，对领队人员的要求更高。出境旅游比国内旅游更可能发生棘手的安全问题，除常规的安全条例学习、安全知识考核之外，还应当根据安全事故案例的总结和积累，针对不同的地区易发事故的类型进行集中培训。除了目前相关的法律要求之外，企业应该制定内部的条例，对于员工故意冒险，视法律与规范不顾，随意甩团，联合非法人员欺诈、伤害旅游者的行为给予严重的惩罚。

（二）加强外交领事安全保护建设

主权国家拥有控制国内事件的能力，却对境外人员的安全情况难以控制，这便需要诉求于领事与外交保护。随着公民出境人数的日益增多，个体公民日益成为国家外事服务的中心。近年在多次撤离海外中国人及撤侨事件中，外交部与领事馆发挥了极其重要的作用。

1. 大力推动领事保护立法

目前外交领事保护职责依赖于《外交保护条款草案》、《维也纳外交关系公约》等条例的赋权与约束,为更好维护我国海外公民和机构合法权益,推动健全我国法律体系,进一步提升驻外使领馆领事工作水平,外交部在国务院主管部门指导下,积极推行依法行政。目前,《中华人民共和国领事工作条例》已完成向社会征求意见,争取尽快推出。条例出台后,将对我规范领事保护职责,对维护海外中国公民合法权益起到重要推动作用。

2. 外交部及领事司加大国际交流,完善国际合作

外交部及领事司积极同许多国家及地区建立了工作交流机制,通过交流,增进了国家间的相互了解,加强领事保护的协调与配合,进一步完善了预警、协调、磋商机制。在签证方面,积极扩大免签范围,简化签证手续及程序。积极推动国外旅游机构中文的存在范围,在国际救援或者服务热线方面,保证一定数量的中文接线员,提供中文服务。在打击国际旅游犯罪方面,建立共同的侦破机构,共同打击针对旅游者的犯罪集团和个人。

(三)建立出境旅游安全救援体系

旅游安全救援是指在旅游活动过程中旅游者、旅游从业人员以及相关人员发生旅游安全问题时,为受害人所提供的紧急救护和援助。[1]全球每年因旅游伤亡的人数超过 10 万,[2]随着我国近年来出境旅游人数的不断增多,出境旅游伤亡人数也不断增长,建立有效及时的安全救援体系是出境旅游安全保障中关键的一环。

救援工作是一项系统工程,境外救助工作的复杂性,使建立有效的应急管理机制必不可少。出境旅游安全救援体系应该包含外交部、安全局、国资委、保险机构、通信部门、民航局、大使馆、旅游局、国际公益救援部门等的联动机制。居于中心位置的出境旅游救援指挥系统在整个救援工作中扮演极其重要的角色,一旦发生境外旅游安全事故,由指挥中心统一调动指挥,分工协作。驻外使馆、外交部门、安全旅游局等部门主要负责安全风险信息的处理以及外交协商工作;公安部、民航局、医疗机构等主

---

[1] 郑向敏:《旅游安全学》,中国旅游出版社,2003 年版,第 222 页。
[2] 厉新建、魏小安:《中国旅游保险的改革与创新思考》,载《江西财经大学学报》2008 年第 4 期,第 32 页。

要负责救援行动的实施工作；银行及金融机构、国资委、保险机构、安全风险基金会主要负责救援基金问题等等。

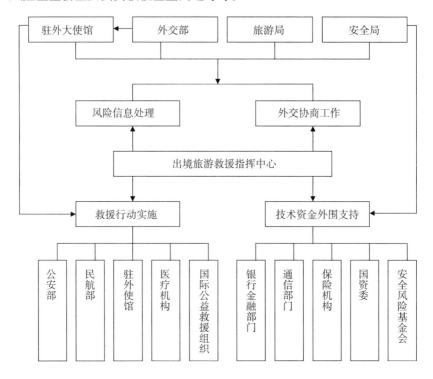

图2-4 出境旅游安全救援体系图[1]

（四）健全安全保险保障体系

近年来我国庞大的出境游规模，仅仅依靠旅游、外事等相关机构，已经无法完全解决出境人员的安全问题，从国际经验看，以商业化保险的手段解决出境人员的医疗问题已经成为各国通行的做法。

1.增加出境保险品种，扩大保险范围

旅游活动涉及的食住行游购娱等方面，出现的安全问题复杂多变，加之我国出境旅游目的地范围的不断扩大，突发的各类安全事故更加难以控制。因此，针对目前出境旅游保险品种单一的情况，应对特殊线路和项目

[1] 杨芳：《中国大陆居民出境旅游安全研究》，硕士学位论文，华侨大学，2011年，第45页。

开发一些针对性的产品。

扩大承保范围，让旅游保险真正为出境旅游者撑起一把保护伞。各保险公司都将"被保险人从事登山、攀岩、蹦极运动、潜水、跳伞、滑翔、探险、搏击狩猎、武术比赛、摔跤比赛、特技表演、赛马"作为责任免除条款。[1]而对于战争、军事行动、武装叛乱，投保人、受益人的故意行为，被保人因酗酒或受酒精、毒品、管制药物影响而导致的意外，既往的慢性疾病在旅行期间的治疗等都属于不可保范围。虽然从危险控制的角度，保障了保险公司的利益，但没有体现保险的真正含义。因此，要向国外成熟的保险市场靠拢，对出境旅游的承保范围进行扩大，切实保障旅游者的利益。

2. 做好宣传工作，提高旅游者保险意识

旅游意外险在欧美、日本等一些国家发展得十分兴旺，投保率达到90% 以上，而我国目前旅游意外险的投保率仍明显偏低，一些旅游者抱有侥幸心理，认为事故发生的概率低，购买保险的回报率低，而放弃购买保险。有关数据表明，全国通过旅行社出行的游客中，只有 10%～20% 购买了旅游意外险。[2]同时，现在近80%的人混淆了旅行社责任险和旅游意外险。政府相关部门、旅游企业要与保险企业进行紧密联合，采取多种渠道进行宣传，如利用各类报纸专栏、电台节目、网络板块等进行保险知识的宣传，不断提高出境旅游者的保险意识。

四、中国海外公民经商安全问题的防范及应对

（一）营造华商境外投资经营的良好制度和法律环境

商务部与外交部通力合作，继续加大经济外交力度，充分发挥磋商机制作用。推动与有关国家投资保护、司法协助、领事保护、社会保险等政府双边的协定，为华商境外投资经营营造良好的制度和法律环境。同时，

---

[1] 周力：《旅游保险发展中的问题与对策》，载《大连大学学报》2007 年第 2 期，第 126—129 页。

[2] 田虎：《旅游意外险投保率上升 10%》，京华时报（http://epaper.jinghua.cn/html/2010-09/08/content_584284.htm），2010 年 9 月 8 日。

商务部还利用多边和区域合作加强对外交涉，增强维护海外华商的人身安全和合法权益。此外，还需加强对重点国家和地区的政治经济形势、民族宗教矛盾、恐怖主义活动等信息的收集评估和发布。同时考虑与有中方投资的国家和地方政府保持良好的合作关系。中国政府应该继续加强与在世界上有影响的国家、国际组织之间在反恐问题上的沟通。

（二）完善海外安全应急机制

充分发挥我国驻外使馆的作用，完善我们的海外安全应急机制。在保护海外侨民方面提高预见性，增强防御性。改进对我国"走出去"企业的监管办法，提高我们的监管水平，积极引导我国在外商会、同乡会、行业协会加强自律，合法经营，为树立华商遵纪守法的良好形象共同努力。同时也要打击华商内部的不法分子，维护我国国家形象，维护华商的人身安全与财产安全。

（三）加大宣传中国文化力度，树立良好的国家形象

中国政府不仅在中国企业开拓海外市场的过程中扮演主导角色，也应在宣传中国文化、树立良好的国家形象上多做文章，努力发扬中国文化的魅力，宣传中国的美德，尽量消除外国媒体对华商负面报道的不良影响，引导外国媒体和民众正确地认识中国和中国人。在更多的国家和地区举办中国年、中国文化年等活动，向世界人民全面展示中国的历史、文化、传统和改革开放以来取得的成就，以及中国在解决世界贫困问题上发挥的积极作用与努力，增进各国人民的相互了解和传统友谊，从而消除当地人对华商的歧视、猜忌和误会，使华商与当地人和睦相处，尽量避免在骚乱和各种恐怖主义及刑事犯罪中针对华商的案件发生。

（四）成立专门为华商企业服务的机构

由于海外华商的数量越来越多，分布越来越广，且经济实力越来越强，经营规模越来越大。而很多刚走出国门的华商对当地的语言、法律、文化和很多服务机构的程序都不太清楚。为了提高办事效率，降低华商在经营过程中遇险的概率，尤其是治安极其恶劣的国家，成立专门为华商服务的

机构是一种极其可行的办法，还可减少华商安全事件发生的概率。除此之外，华商还可与当地政府部门积极合作，建立此类的服务公司。也可单独开设专为当地华商服务的咨询、服务和保镖公司，更大程度上提高当地华商工作效率，维护当地华商人身安全与财产安全。

（五）华商主动适应海外环境

就目前情况来说，外商与东道国政府和国民之间的摩擦往往来自相互缺乏了解，积极参与当地社会生活就是增进了解、消除这类摩擦的最好办法。华商可以通过当地的华文报纸和媒体深入了解当地政治经济、法律政策和社会文化生活。加强与当地老华侨的沟通，加强与当地政府法律部门和当地居民的沟通。广大华商也只有努力融入当地社会和文化，多行善事、造福一方，主动回馈当地社会，才能缓和经济竞争导致的族群矛盾。

（六）华商加强内部团结，提高互救能力

华商由于语言不通，不了解当地法律，许多人在经营过程中吃过不少亏，走过不少弯路。此外，随着市场竞争日益加剧，一些贸易公司之间的价格战也使中国商人受到很大损失。更有甚者，许多华商在当地遭受不法侵害，而无法维护自身利益。在这种情况下，迫切需要成立一个类似华人商会的团体，把当地华商团结起来，共同协调解决经营中出现的矛盾和面临的问题。随着当地华商数量越来越多、生意越做越大，必然会引起一系列的问题。海外华商必须学会组织起来，用团体力量去影响当地的政治生态，如有意识地去游说当地政府，从而确保自身权益得到有效保护。同时，海外中国公民还要加强团结、共同防范，减少恶性案件发生。要遵守居住国法律，与当地人民友好相处，同胞间友爱互助，协商解决出现的问题，共同维护社会治安，树立华人的良好形象。

第三章　中国海外经济利益的拓展与维护

随着中国企业海外投资的不断增加，我国的海外经济利益也日益扩大，其在中国整体经济利益中的份额正快速上升。在当前国际局势动荡因素增加，而发展中国家在国际政治经济秩序中依然处于不利地位的情况下，如何拓展和维护我国的海外经济利益，需要引起有关部门的高度关注。

第一节　中国海外经济利益拓展的方式

中国追求海外利益沿着全球化的路径蔓延，中国国家利益与世界整体利益日渐交融。随着中国经济体系对外部资源的依赖和对外投资的加强，中国海外经济利益凸显并以前所未有的深度和广度拓展，具有了更为广阔的内涵。中国海外经济利益的发展经历了由点到面、由简单趋向复杂的过程，在形式和内容上已经发生了很大变化，从传统的以对外贸易为主，向多元化方向发展，其内容与规模较之 30 年前已不可同日而语，对外经济交往的国家和地区数量大为增加。有学者根据我国对外经济交往中"走出去"和"请进来"的两个方向，将中国的国际经济利益划分为外向型和内向型两种经济利益，前者包括商品出口、劳务出口、技术出口和海外投资等，后者包括进口商品、吸引外资、引进技术、开发旅游、聘请专家等，还包括在经济体制上与国际接轨。[1]

当前中国海外经济利益的内容包括：协调机制，商品出口，适应、利用和修订有关规则，在宏观层面，融入国际体系，全面参与国际经济是中国具有战略性的海外经济利益；在微观上，原料进口、吸引外资、引进技术、国际旅游、工程承包、劳务出口、境外投资和技术出口等已成为中国海外经济利益的重要内容。

改革开放以来，随着国民经济持续快速发展，中国的国际地位和国际影响发生了根本性的历史转变，国民生产总值跃居世界第二，进出口贸易上升为世界第二位，主要工农业产品产量均提升到世界第一位，国际旅游出入境人数居世界前列，吸引外资和外汇储备步入世界前列，中国在世界经济舞台上发挥了越来越重要的作用，海外经济利益的深度和广度进一步增强，主要通过以下形式得以实现：

---

[1] 阎学通：《中国国家利益分析》，天津人民出版社，1996 年版，第 120 页。

一、对外贸易

从新中国成立到改革开放前的 30 年里，中国对外贸易规模小、贸易伙伴少、贸易方式和外贸商品单一。建国初期，主要是通过对前苏联、东欧和亚洲等几个社会主义国家进行货物贸易。之后，中国加强了与第三世界国家的联系和经济贸易往来。在此期间，中国的出口贸易主要以对外援助为主。同时，通过中国银行在香港、澳门吸收外币存款和在对外贸易中使用延期付款的方式，从西方发达国家引进了中国经济建设急需的技术设备。20 世纪 70 年代，伴随着中国在联合国合法地位的恢复，中国与西方发达国家全面建交，对外货物贸易伙伴迅速增多，贸易规模不断扩大，外贸商品日益丰富，贸易结构逐步改善。

（一）对外贸易总体规模不断进步

1. 对外贸易规模连上新台阶，居世界位次迅速提升。1950 年，中国进出口贸易总额仅为 11.3 亿美元，1973 年突破百亿美元，1978 年为 206.4 亿美元，1988 年突破了千亿美元，之后贸易总额增长不断加快。特别是 2001 年加入世界贸易组织之后，随着中国参与国际经济的深度和广度不断扩大，对外贸易增长迅速，连上新台阶。2001～2010 年，中国贸易规模持续扩大，进出口贸易总额由 5097 亿美元扩大至 2.97 万亿美元，共计增长 4.8 倍，年均增长 21.6%，占国际贸易的比重由 4% 升至 9.7%。其中，出口由 2660 亿美元增至 1.6 万亿美元，增长了 4.9 倍，占世界市场的份额由 4.3% 升至 10.4%；进口由 2436 亿美元增至 1.4 万亿美元，增长了 4.7 倍。2009 年，中国已跃升为世界第一大出口国和第二大贸易国，在国际贸易中的份额及地位已经不容忽视。

2. 进出口贸易对经济的贡献不断提高。1978 年，进出口贸易占国内生产总值的比重为 9.7%，2010 年达到 49.22%，提高了 50.74 个百分点。对外贸易的快速增长极大地缓解了制约中国经济发展的外汇资金，使中国从一个外汇极度紧缺的国家跃升为世界第一大外汇储备国。自 1994 年以来，中国进出口贸易一直保持顺差，且规模不断扩大。1995年顺差突破100亿美元，2005年突破了1000亿美元，2007年再次突破2000亿美元，2009年贸易顺差达到1960.7亿美元。与此同时，中国外汇储备迅速增长。1978年，中国外汇储备仅有1.67亿美元，在1990年、1996年、2006年依次突破百亿美元、千亿美元、万亿美元大关的基础上，2010年达到2万8473亿美元，为中国经济建设积累了宝贵资金。进出口贸易成为中国税收的重要来源，增加了国家财力。

表3-1 2001~2010年中国贸易规模占世界市场份额变化[1]

	进出口			出口		
	金额 (亿美元)	比重 (%)	位次	金额 (亿美元)	比重 (%)	位次
2001	5097	4.0	6	2660	4.3	6
2002	6208	4.7	5	3256	5.0	5
2003	8510	5.5	4	4382	5.8	4
2004	11546	6.2	3	5933	6.4	3
2007	21738	7.7	3	12179	8.8	2
2008	25616	8.1	2	14286	8.9	2
2009	22073	8.9	2	12017	9.7	1
2010	29728	9.7	2	15778	10.4	1

3. 对外贸易居世界位次大幅提高。对外贸易促进了中国经济的繁荣发展，中国对外贸易在世界贸易总额中的比重不断提高，居世界贸易的位次迅速提升。1978年，中国货物贸易进出口额占世界贸易总额的比重仅为0.8%，在世界贸易中居第29位。2004年，在世界贸易中的位次跃升到第3位，仅次于美国和德国。2009年，中国货物贸易出口在世界贸易中的位次跃升到第1位，进口额在世界贸易中的位次跃升到第2位；其中出口额

---

[1] 根据WTO统计数据计算。

占世界出口总额的 9.6%，进口额占世界进口总额的 7.1%。[1] 新中国已经发展成为名副其实的贸易大国。

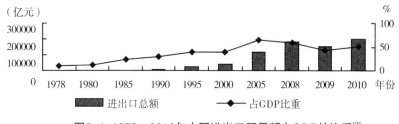

图3-1 1978～2010年中国进出口贸易额占GDP的比重[2]

（二）出口商品结构不断优化，贸易竞争力指数有所上升

改革开放前，中国的出口商品以初级产品和资源性产品为主。改革开放以来，中国出口商品结构发生了根本性变化。20 世纪 80 年代，中国实现了由初级产品出口为主向工业制成品出口为主的转变，轻纺产品成为主要出口产品。90 年代，中国实现了由轻纺产品出口为主向机电产品出口为主的转变。加入世界贸易组织以来，中国积极参与国际竞争，不断融入国际分工体系，充分发挥比较优势，致使劳动力的优势和已有的产业基础潜能得到充分释放，以 IT 产业为代表的高新技术产品出口快速增长，出口产品结构不断优化，对外贸易竞争力指数显著提升。2008 年，我国工业品出口超过德国，成为世界第一大工业制成品出口国。2001 年至 2010 年，我国机电产品出口从 1188 亿美元增长到 9334 亿美元，增长了近 8 倍，年均增速达 25.7%，占全球市场的份额从 3.9% 提高到 13.8%；纺织服装类产品的比重则由 20.1% 降至 13.1%，虽比例下降，但竞争优势明显增强。截止到 2009 年底，中国纺织业、电器机械及器材制造业、交通运输设备制造业、通信设备及电子设备制造业的国际竞争力大幅上升，竞争力评价指数皆达到 102.0。

[1] China Trade Profile， WTO（http://stat.wto.org）

[2] 中国国家统计局：《中国统计年鉴 2011》，国家统计局（http://www.stats.gov.cn/tjsj/ndsj/2011/indexch. htm）。

表3-2 2001~2010年中国出口商品结构变化（海关统计）

	初级产品		工业制成品		高新技术产品		纺织服装类品	
	金额（亿美元）	比重（%）	金额（亿美元）	比重（%）	金额（亿美元）	比重（%）	金额（亿美元）	比重（%）
2001	263	9.9	2398	90.1	465	17.5	534	20.1
2002	285	8.8	2971	91.2	679	20.8	618	19.0
2003	348	7.9	4036	92.1	1103	25.2	789	18.0
2004	406	6.8	5528	93.2	1655	27.9	951	16.0
2005	493	6.4	7130	93.6	2183	28.6	1150	15.1
2006	529	5.5	9161	94.5	2815	29.1	1440	14.9
2007	615	6.0	11565	94.1	3478	28.5	1712	14.0
2008	778	5.5	13507	94.6	4156	29.1	1852	12.9
2009	631	5.3	11386	94.8	3769	31.4	1670	10.6
2010	817	5.2	14962	94.8	4924	31.2	2065	13.1

表3-3 2009年中国部分优势行业国际竞争力[1]

国民经济行业	市场占有率（%）	显性指数（RCA）	贸易竞争优势指数（TC）	出口增长率优势指数	出口比重指数（%）	竞争力评价指数
农、林、牧、渔业	3.95	0.37	−0.53	20.19	0.93	99.26
采矿业	1.21	0.11	−0.91	−8.17	0.72	99.09
制造业	12.42	1.15	0.20	5.09	96.49	101.56
纺织业	31.55	2.92	0.64	6.98	5.55	102.83
皮革、毛皮、羽毛(绒)及其制品业	32.73	3.03	0.79	7.13	3.31	103.26
家具制造业	27.09	2.51	0.92	12.79	2.55	103.80
金属制品业	16.62	1.54	0.66	−4.32	3.50	102.11
电气机械及器材制造业	18.49	1.71	0.39	4.17	8.65	102.07
通信设备、计算机及其他电子设备制造业	24.31	2.25	0.20	5.61	28.75	102.43

注：RCA>1，表示该国此种商品具有显性比较优势；TC>0，表示该国该种产品的生产效率高于国际水平；竞争力评价指数国际平均值为100，高于100表示竞争力较高。

---

[1]《中国海关杂志》，2010年10月。

（三）贸易伙伴日益多元化，参与国际经济交往不断深入

建国初期，中国对外贸易的主要伙伴是原苏联和东欧社会主义国家。1951年，中国同社会主义国家的贸易额占全部对外贸易总额的比重为53%。20世纪80年代末中国提出了"市场多元化"战略。中国的贸易伙伴已由1978年的40多个发展到目前达220多个，贸易市场多元化的格局逐步形成。中国目前已同世界各大洲所有国家和地区建立了贸易往来。从发展中国家到发达国家，从传统市场到新兴市场，形成了多层次、多元化的对外贸易发展格局。截至2010年，中国已成为日本、韩国、澳大利亚、巴西、南非等经济体的第一大出口市场，欧盟第二大、美国和印度第三大、东盟第四大出口市场。尤其是对新兴经济体和发展中国家的贸易规模大幅上升。与东盟贸易所占比重提高到9.8%，与"金砖五国"贸易所占比重提高到6.9%。2010年，对非洲及拉丁美洲的进出口贸易皆呈上升趋势。与贸易伙伴往来的增加，也给中国在双边和多边合作中提供了更多机遇，进一步增强了中国参与国际规则制定的实力和能力。

（四）服务贸易从无到有，多种方式、内容丰富、覆盖较广的服务贸易格局已初步形成

改革开放前，我国除了对外援建项目和少数外国友人来华旅游外，基本上没有对外服务。改革开放以来，我国在大力发展对外货物贸易的同时，积极开展对外服务贸易，发展国际旅游，开展国际间经济、科技以及学术文化等合作与交流，既向世界宣传了中国，把中国元素推向了世界，也引进了先进的管理理念、管理经验和科学技术，改变了城乡居民的思想观念、生活观念和生活方式。尤其是中国在加入世贸组织谈判中，对服务贸易对外开放做出了广泛而深入的承诺，涵盖了《服务贸易总协定》12个服务大类中的10个，涉及总共160个小类中的100个，占服务部门总数的62.5%。当前，基本形成了以旅游、运输服务为基础，以通信、保险、金融、计算机信息服务、咨询和广告等新兴服务贸易为增长点的服务贸易全面发展格局，服务贸易已经发展成为我国对外贸易的重要组成部分。

二、对外投资

改革开放初期，中国只有少数国有企业主要是贸易企业走出国门，开办代表处或设立企业。随着对外开放步伐的加快，特别是加入世界贸易组织以来，中国企业对外投资进入快速发展时期。2003年，中国非金融类对外直接投资29亿美元，2010年上升到601.8亿美元，2003~2010年年均增长148%。根据联合国贸发会议《2011年世界投资报告》，2010年中国对外直接投资占全球当年流量的5.2%，位居全球第五，首次超过日本、英国等传统对外投资大国。至2010年末，中国在全球178个国家（地区）共有1.6万家境外企业，投资覆盖率达到72.7%，其中对亚洲、非洲地区投资覆盖率分别达90%和85%。中国对外直接投资覆盖了国民经济所有行业类别。绝大部分投资流向商务服务、金融、批发和零售、采矿、交通运输和制造六大行业，上述行业累计投资存量2801.6亿美元，占中国对外直接投资存量总额的88.3%。[1]

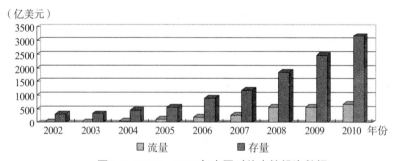

图3-2 2002~2010年中国对外直接投资数据

对外投资形式逐步多样化，由单一投资向跨国并购、参股、境外上市等多种方式扩展，跨国并购已经成为对外投资的重要方式。2003~2007年，通过跨国并购实现对外投资约220亿美元，占同期对外投资总量的三分之

[1]中国商务部、国家统计局、国家外汇管理局：《2010年度中国对外直接投资统计公报》，中国商务部（http://www.mofcom.gov.cn/aarticle/tongjiziliao/dgzz/201109/20110907729023.html），2011年9月7日。

一。2010 年，中国企业以并购方式实现的直接投资 297 亿美元，同比增长 54.7%，占流量总额的 43.2%。并购领域涉及采矿、制造、电力生产和供应、专业技术服务和金融等行业。[1] 对外投资领域不断拓宽，对外投资层次和水平不断提升。资源、电讯及石油化工等行业成为中国对外投资的主要领域，金融业也成为继采掘业、制造业和商务服务业之后又一对外投资的重要领域。一批境外研发中心、工业产业集聚区逐步建立，境外经济贸易合作区域建设取得重要进展。

对外投资使中国企业不断参与国际竞争与合作，通过国际化经营，企业逐渐发展壮大，国际竞争力得到极大增强。2010 年，中国有 46 家企业进入美国《财富》杂志全球企业 500 强，上榜企业数量仅次于美国和日本。而有关专家则预测，2015 年我国对外直接投资有可能达到 3000 亿美元，将超越美国，居全球首位。到 2020 年，中国累计对外直接投资存量将达到 6000～8000 亿美元，海外企业资产将超过 1.5 万亿美元，跨国母公司数有望突破 5000 家，海外企业数量有望达到 3～5 万家。[2]

我国海外投资体现出来的特点：

一是集中趋势比较明显。实施"走出去"战略以来，我国的对外直接投资在全球范围内迅速铺开。2003～2009 年的短短六年间，投资覆盖国家和地区新增 38 个。海外直接投资分布的地理方向在迅速扩展的同时，集中度提升的趋势更为引人注目。投资流量前十位国家或地区占当年海外直接投资流量总额中的比重，历年来不低于 60%，2008 年更是达到了 81%。截至 2009 年年底，投资存量前十位国家或地区合计占存量总额的 53.1%。

二是投资地理分布集中于亚洲、非洲和大洋洲。无论在流量上还是存量上，亚洲地区都一直占有中国海外投资的主要份额。但近年来，中国对非洲的投资在迅速增长，2007 年的投资流量已经超过亚洲跃居第一。随

---

[1] 中国商务部：《2010 年度中国对外直接投资统计公报》，中国商务部（http://hzs.mofcom.gov.cn/accessory/201109/1316069604368.pdf），2011 年 9 月。

[2] 苗迎春：《中国海外经济利益的维护与拓展》，载《红旗文摘》2011 年第 8 期，第 29 页。

着对矿产资源需求的急剧增长，中国对大洋洲的直接投资在近年来也有快速发展。目前，以单个国家或地区来论，澳大利亚是接受我国直接投资存量最多的国家。

三是目标产业集中于能源和矿产行业。2008～2009年以中国企业为买方的跨国并购，交易额在1亿美元以上的有34宗，金额达571.3亿美元。其中，目标领域为能源产业的有13宗，交易金额为277.54亿美元，占1亿美元以上并购案交易总额的48.6%。目标为矿业的有15宗，交易金额为262.34亿美元，占交易总额的45.9%。[1] 我国跨国并购高度集中于能源和矿产行业，主要是由我国经济长远发展战略所决定的。近年来，高速增长的中国经济对国内现有的自然资源储备构成了巨大压力。中国需要放眼世界，在全球范围内统筹安排，保证以石油供应为主的能源安全，保证价格稳定、充足的原材料供应。这不仅有利于中国经济的持续发展，也使中国能够介入大宗商品市场，与其他资源全球同台竞争。通过海外投资，掌握尽可能多的石油及其他资源就成为中国的必然选择，资源行业资金密集度高的特性也决定了我国海外并购以大型企业为主体展开。

三、对外经济合作

对外经济合作是"走出去"战略的重要内容，对提高中国的对外开放水平，扩大与世界各国的经济合作，增强中国经济发展的动力和后劲起到重要作用。

改革开放以来，中国对外承包工程数量逐年增多，工程规模不断扩大，涉及的领域逐年拓展。自1995年起，中国开展了对外设计咨询服务，对外经济合作领域进一步拓宽。1979年中国签订对外经济合作合同数仅36份，2010年增加至24.6万余份。其中，对外承包工程合同金额由1979年

---

[1] 汪段泳、刘宏:《"走出去"战略实施及海外投资风险评估:(2008—2009)》，见汪段泳、苏长和主编:《中国海外利益研究年度报告（2008—2009)》，上海人民出版社，2011年版，第189页。

的 0.33 亿美元增加至 2010 年的 1430.92 亿美元，对外劳务合作由 0.18 亿美元增加到 87.25 亿美元。[1] 对外经济合作实现经济效益快速增长。特别是通过对外经济合作中国换取了国内短缺的资源，实现了资源来源的多样化，促进了国民经济的可持续发展。目前，中国境外资源合作已涵盖油气、固体矿产、农业、林业、渔业等众多领域，与 30 多个国家建立了资源能源长期合作关系。

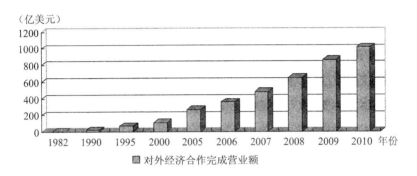

图3-3 1982～2010年中国对外经济合作完成营业额[2]

四、吸引外资

中国曾长期视外资的流入为资本主义国家经济侵略，因此不允许外国在华投资。改革开放后，中国对外资的流入有了新的认识，经济建设迅猛发展对资金的庞大需求，使吸引外资在中国国民经济中占有重要地位。改革开放以来，中国利用外资取得令人瞩目的成绩，1979～2010 年我国已累计批准了外商直接投资项目 71.23 万个，实际利用外资金额累计达 12504 多亿美元。我国已从一个微不足道的国际投资东道国成长为世界第二大外商直接投资东道国、发展中国家第一大外商直接投资东道国，在

[1] 中国国家统计局:《中国统计年鉴 2011》，中国统计出版社，2011 年版。
[2] 中国国家统计局:《中国统计年鉴 2011》，国家统计局（http://www.stats.gov.cn/tjsj/ndsj/2011/indexch.htm）。

就业、投资、产出、税收、国际收支等方面，外资对我国经济的持续、快速增长发挥了重大作用。中国通过利用外资引进了先进的技术、设备和管理经验，提高了产品的档次，促进了中国工业技术的进步，增加了出口创汇的能力，解决了劳动力过剩的问题。中国利用外资的途径最初主要有两种形式：一是对外借款，包括通过银行商业借款贷款、出口信贷以及对外发行债券、股票等方式，从境外筹措经济建设所需资金；二是外商直接投资，包括合资、合作和独资企业。现在利用外资方式有了新的发展，设立外商投资股份制企业与合作开发项目，采用兼并、收购、扩股、证券等多种引资方式，使中国利用外资从新设企业为主转向新设和并购两种方式并重。从效果来看，改革开放初期吸引外资主要是缓解资本和外汇短缺两个缺口，培育市场经济因素，启动了"市场化"。随着改革开放的深化，吸引外资带动的技术提高作用比资金自身的作用更为重要，当前中国利用外资进入一个新的阶段，对外资的需求开始从数量为主转向以质量为主，资金流动从流入为主转向流入和流出双向并重。中国通过出台一系列政策和法规，吸引跨国并购投资、承接全球服务外包、鼓励外商到中国中西部地区和东北老工业基地投资等，引导外商投资方向。

近20年来全球跨国投资更多地向服务业集中，为中国利用外资带来新的机遇，未来相当一段时期内，服务业对外开放和承接全球服务外包将成为中国利用外资的重要新领域。

五、技术引进、吸引海外优秀人才

技术引进是指一个国家或地区通过一定的渠道从外部获取先进技术的活动过程。技术引进的方式通常包括购买专有技术、引进经营管理方面的技术和知识、委托外国咨询公司或企业提供技术服务等。新中国的技术发展主要经历了五次规模较大的、阶段分明的技术引进历程。建国之初，主要以引进苏联和东欧国家技术为主，由此建立比较完善的基础工业体系和国防工业体系的骨架，奠定了国家工业化的初步基础；20 世纪 80 年代开始引进美国、日本等西方国家技术，广泛开展对外科技交流与合作，期间大规模引进成套技术设备，使国家在基础工业领域建立了一批关键骨干企业，对中国对外经济贸易产生深远的影响，建立和发展同西方发达国家的经贸合作关系，对后来的参与经济全球化的合作与竞争起到承前启后、率先开拓的作用；进入新的世纪，随着中国正式成为世界贸易组织成员，中国开始转变以市场换技术的理念，确立了以技术引进为基础、加强自主创新、打造创新型国家的战略方针。[1] 邓小平同志指出"科学技术是第一生产力"，技术引进对于科学进步和经济发展发挥巨大的作用，消化和吸收国外先进技术并使之转化为自主知识资产，从而掌握关键核心技术，只有这样才能真正提高国家的竞争力，缩小与世界主要发达国家存在的差距。

吸引优秀专业人才既可以带来先进的科技知识和管理经验，又能够引进先进的思维方法，有助于提高科研能力，推动技术进步。人才的竞争成为国家竞争的焦点，世界各国纷纷采取各种措施培养和吸引优秀人才。中国政府充分认识到人才在整个国家发展中的重要地位，实施一系列措施推动人才强国战略，基本任务是要建设规模宏大、结构合理、素质较高的人才队伍，把我国由人口大国转化为人才资源强国。例如，1994 年开始设立的国家杰出青年科学基金，自 1994 至 2003 年的十年来，共受理中青年学者申请 5489 人次，有 1174 名申请者获得了资助，占申请总人数的 21.39%。2001～2011 年共批准资助项目总数高达 1867 项。[2] 从中涌现出一批优秀中青年学科带头人，为国家稳定了一支高水平的研究队伍，吸引了一批海外留学人员回国服务，培养了一批活跃在世界科学前沿的优秀学科带头人，在国家重大项目研究或重大研究计划中发挥了重要作用，为国家科技、经济和社会发展做出重要贡献，在国内外科技界产生广泛影响。为了鼓励和吸引在外留学人员回国工作或以多种形式为国服务，教育部于

[1] 仪德刚等：《新中国技术引进的历程与成效分析》，载《科技管理研究》2007 年第 4 期，第 12—14 页。
[2]《2001—2011 年国家杰出青年科学基金申请与资助情况》，国家自然科学基金委员会（http://www.nsfc.gov.cn/nsfc/cen/xmtj/index.html）。

1996 年正式设立"春晖计划"，资助在外优秀留学人员回国考察、访问、讲学和合作研究等活动。至今已资助 8000 多名在外优秀留学人员和 90 多个团组短期回国工作或为国服务。

六、参与国际经济协调

国际经济协调是指由各国政府出面，通过协商谈判达成协议或建立组织，采取一致的或互相配合的政策措施对它们之间的经济关系和经济活动实行联合调节，解决共同面临的世界经济准则，避免矛盾和冲突激化，保证国际经济正常运转。[1] 2001 年 9 月中国成为世界贸易组织正式成员，这一重大事件对于中国参与和融入国际经济体系具有里程碑意义，使中国对外开放和参与国际经济协调跨越决定性的一步。加入世界贸易组织既是中国对外开放的重大战略决策，也是中国适应经济全球化发展的必然选择。一方面，中国认真履行入世承诺，不仅大幅度降低进口关税，取消非关税措施，还逐步放宽外商投资领域的限制，在一定的服务贸易领域内提前开放。另一方面，随着中国加入世界贸易组织后出口规模的迅速扩大，面对日益增多的贸易摩擦和贸易壁垒，中国在实践中运用国际贸易规则处理贸易摩擦和纠纷的手法日益娴熟，对多边贸易体制的实质和运行方式有了更全面的认识，在新一轮多边贸易谈判中提出既符合本国贸易利益又符合广大发展中国家利益的谈判构想，逐步树立起中国的信誉和影响力。世界贸易组织日益成为中国融入国际社会的重要平台，为中国在对外经济关系中实现海外利益提供了新的渠道。

在区域层面，中国以东盟作为切入点，将加强东亚经济一体化作为区域经济协调的战略重点。2002 年双方签署《中国—东盟全面经济合作框架协议》，标志着中国在区域合作中迈出了关键的一步，这一模式与北美

---

[1] 张明之、毛丰付：《论全球经济协调机制的层次与国家利益》，载《南京政治学院学报》2005 年第 6 期，第 59—62 页。

自由贸易区的模式基本一致。在与东盟深化经济合作的基础上，中国积极开展与日本和韩国在经济领域的协调与磋商，以促成在更大范围内加深东亚区域经济合作。在加强区域合作的同时，一些次区域经济合作也在蓬勃兴起，澜沧江—湄公河流域的区域合作正在向前推进，粤港澳全面合作等次区域经济合作也取得了很大的进展。中国在区域合作中积极进取的态度和脚踏实地的作风，既促进区域经济的利益共享，又提高自身的议程创设水平，从而提升了中国在区域事务中的影响力。在区域经济秩序建设中取得的成果为我国对外经济关系的发展提供了具有推广意义的范式。[1]

中国在双边层次国际经济协调主要集中于投资和贸易领域，中国是签订双边投资协定最多的发展中国家。[2]作为建立、保护和促进直接投资双向流动的国际通行体制，BIT 的签订和实施为中国吸引外资和发展对外投资减少障碍，创造更加稳定、便利条件。中国在加入 WTO 过程中先后与多个国家和区域组织进行过双边贸易谈判，从中积累大量的双边谈判和协调的经验，逐渐显示出利用现有国际规则为国家利益服务的信心和能力。例如，针对欧美挑起的纺织品贸易争端，中国不是诉诸贸易战，而是通过世贸法规，利用双边磋商，强调世贸组织对国际法的最大贡献是限制单边贸易制裁，以此化解贸易争端。运用国际规则能力的提高，为推进中国与有关国家在贸易领域缔结自由贸易协定（FTA）打下良好的基础。

通过提高对国际经济协调机制的认识并积极参与其中，不仅给中国带来了巨大的物质利益，也极大地改善了中国的国际形象，提高了中国的国际声望，扩大了中国在国际舞台上的活动空间和发言权。实践证明，只有积极广泛地融入国际社会，加入国际机制，参与国际规则的制定、修改和完善，并在全球、区域和双边层次上与各类国家和国际组织开展交往与合作，才有可能使自己的国家利益在全球化背景下得以实现，也才有可能对国际事务施加建设性影响，不断拓展自身国家利益。中国在融入世界的过

---

[1] 赵英、李海舰:《大国之途——21 世纪初的中国经济安全》,云南人民出版社,2006 年版,第 128 页。
[2] 王宏强:《论国家利益及其实现途径》,载《国际关系学院学报》2003 年第 5 期,第 3—7 页。

程中努力实现两个转变：一是要从自发的、被动的参与者转变为自觉的、主动的参与者，二是要从非主导型的参与者上升为主导型的参与者，这是一个漫长而艰难的奋斗过程，但这将为中国的发展进步带来巨大的活力，为中国国家利益的实现拓展更为广阔的空间。

第二节　中国海外经济利益拓展的障碍、风险与问题

"走出去"战略的实施，加快了中国海外利益发展的步伐。对外经济交往活动的增加，对外投资、对外部资源需求的不断上升，中国对外贸易规模扩大面临贸易摩擦呈多发趋势，且由发达国家开始向发展中国家蔓延。以上种种情况说明，中国在分享地区和全球经济出现新的繁荣同时，势必也要承受外部动荡的风险和外部经济衰退带来的影响。对外经济交往增多，海外风险必然加大，这些已引起中国政府高度关注。

一、中国海外经济利益拓展过程中的阻碍因素

（一）东道国禁止、限制外资准入或并购

维护国家经济安全和利益是每一个主权国家的首要和终极目标。为此，在全球经济一体化的背景下，各国纷纷采取各种措施来维护自己国家的利益，而制定外国资本的市场准入制度就是一个被众多国家采用的措施。通常，在有关外资并购的立法上主要表现为两种方式：一种是外资并购行业准入的禁止、限制，即在法律上明确规定禁止和限制外资并购进入的行业和领域；另一种就是外资并购损害本国安全和利益的禁止，即通过一系列的法律规制外资并购，降低对本国经济的影响，以维护东道国企业自身的经济利益和国家经济安全。2005 年，中海油以 185 亿美元的价格大手笔展开收购美国优尼科石油公司，在与雪铁龙公司拉锯战、美国国会以维护国家经济安全的名义进行干预等情况下，最后撤回收购。2007 年，华为

和美国贝恩资本试图以 22 亿美元联手收购 3Com 公司，但因美方担忧国家安全而流产。2011 年 2 月 11 日，华为美国并购受阻，美国国会小组以安全考虑为由，要求中国的华为技术公司剥离已收购美国服务器技术公司 3Leaf Systems 所获得的科技资产。随后，华为公司宣布接受美国外国投资委员会的建议，撤销对美国三叶公司技术资产的收购，这是华为第二次进军北美市场的尝试再次以失败告终。

（二）经济民族主义

它是体现在经济上的一种民族主义，即东道国国民为表示对自身民族经济利益的忠心与认同，不惜以各种手段损害其他民族的经济利益。例如，由于经济民族主义的产生，我国企业或华商近年来面临较大的经济民族主义风险，这方面尤以部分东南亚、欧洲国家为典型。如在菲律宾，华人屡遭绑架；在印尼，反华排华的民族主义一直比较盛行；在意大利、法国、俄罗斯都存在不同程度上的经济民族主义风险。这种现象的存在，将会对中国海外经济利益拓展造成一定的影响。

（三）意识形态差异

意识形态因素发生作用的概率在经济全球化的背景之下在逐渐的降低，但仍然是不可忽视的重要方面。由于各国意识形态的不同，导致有些国家对外国企业存在着潜在的敌意，这种敌意可能来自宗教信仰的不同或出于对国家安全、利益、发展的考虑。这种敌对情绪力量的大小影响着政治风险程度的大小。在我国企业国际化发展进程中，由于意识形态的不同而带来了政治风险，在东南亚、北美、南美、欧洲这种情况都不同程度存在。

二、中国海外经济利益拓展过程中的风险分析

从目前情况看，我国海外经济利益面临着以下八种风险：主权风险、政治风险、经济风险、政策与法律风险、文化风险、投资决策风险、劳工风险和交通风险等。

（一）主权风险

主权风险（Sovereign Risk）是指一个国家或地区政府为了保护自身利益所采取的不受其他外来法律约束的行为，而给投资者造成损失的风险。它通常包括如下三种情形：（1）主权国家在因其自身的经济和财政状况发生危机而无法向债权人清偿债务时，不能像公司企业那样宣告破产或变卖主权来清偿债务，而常常是采取损害投资者利益的办法来摆脱债务；（2）主权国家可以随时根据需要，单方面采取停止或延期支付的行为；（3）当资本输入国与资本输出国两国政府处于政治敌对、战争或经济大战的状态时，其中一国可能单方面给与另一国以各种形式的制裁或双方相互制裁，从而影响了跨国投资经营活动。[1]

受西方宣传的误导，一般认为主权风险主要来自发展中国家。然而在经济全球化之下，越来越多的主权风险来自发达国家。随着我国经济实力的强大和参与国际经济活动的增多，我国与众多国家的经济纠纷逐渐增多，我国海外投资企业遇到的国家主权风险也随之增多。如我国与美国近几年来政治经济冲突接二连三，美国一再以其经济上的制裁措施，对我国施加威胁。西方各国及某些发展中国家也不断以各种借口实行报复、限制措施，在税收、市场、产业政策、外汇管理等方面，对我国海外企业实行歧视性政策，妨碍其正常的生产经营活动。

（二）政治风险

政治风险（Politic Risk）是因东道国的政治条件发生变化对投资主体生产经营行为产生的不利影响。比较常见的有执政党的更替、政局不稳、政府征收风险、战争等。这些因素会对一个国家的政策产生重大的影响，有时候甚至是一种颠覆性的影响。还有极端分子制造的恐怖事件给投资者带来不良影响和损失。我国海外投资企业遇到的政治风险主要发生在非洲、东南亚及南亚的部分国家和地区。如我国在非洲即有不少海外投资企业，

---

[1] 赵小平：《主权财富基金开展对外投资所面临的外部环境分析》，载《中国流通经济》2008 年第 12 期，第 70—73 页。

而非洲确是当今世界最不安定的地区之一，一些国家政局动荡，经济衰退，战乱不断。近期在利比亚等北非国家发生的战乱对中国企业海外投资造成的冲击就是海外经济利益面临政治风险的典型案例。据商务部的统计，目前中国在利比亚承包的大型项目一共有50个，涉及合同金额188亿美元。由于战争爆发，中方人员都已全部撤回国内，但大型设备和前期投资都已无法撤回，后续合同能否继续履行目前还无法得知。因此，此次利比亚战争对中方企业造成了巨大的经济损失。

（三）经济风险

经济风险（Economy Risk）是指东道国经济条件发生变化对投资主体生产经营活动产生的不利影响。主要有：（1）经济运行不稳定。现代经济运行一个比较明显的特征是呈周期性的波动式发展，经济高涨与经济低迷往往交替出现，这种波动对投资主体的投资决策和生产经营活动带来不确定的外部条件，不利于其科学决策和稳定生产经营。（2）通货变动因素。持续的通货膨胀对投资主体不利，尤其是恶性通货膨胀的出现会导致生产和经营决策陷于混乱；而通货紧缩带来的市场需求萎缩，也会造成投资的市场风险。（3）利率风险。利率的上下波动，对投资主体的投资和经营决策会造成不确定因素，可能带来投资损失。海外投资涉及本国及东道国两国货币，因此两国的利率变化都可能对投资活动带来损益变化。

（四）政策与法律风险

政策与法律风险（Policy and Legal Risks）指的是与投资项目有关的政策、法律、行政法规、管理制度等变化而给项目正常运行产生的风险。政策和法律风险涉及面广且对投资影响直接，例如：（1）进出口政策变化。东道国政府进出口政策的调整，如对待特定产品、设备的进口和出口加以限制，对需要通过进出口贸易来最终实现投资收益的项目可能会有较大影响。（2）调整投资项目的产品或收益的征税方式和税率，或者是对投资收益汇回的税收限制，以及关税政策的变化等，都可能带来投资收益风险。东道国高额的税收会直接降低投资回报率，影响企业的效益。（3）投资政策变化。为吸引投资，不少东道国政府或东道国地方政府会出台一些鼓励外资进入的各种优惠政策，但是随着时间的推移，国家吸引外资的目的已经达到，国家为了促进公平竞争，这些优惠政策就会慢慢地退出历史舞台，从而会对企业的收益造成不利的影响。

由于我国的海外投资相对比较集中在亚非拉地区，而这些地方多数为发展中国家，其外商投资法制的建设与发达国家相比，显然不够完善。而且个别国家和地方因为政局不是很稳定，国内局势比较混乱，在这样的情况下，其立法、执法和司法的水平和规范化程度也很值得怀疑。而我国目前海外投资的前期准备工作常常会显得不够充分，特别是对东道国的投资环境尤其是法制环境分析不够，对投资项目的可行性和投资合作伙伴的资信调查不充分，匆匆上马，这样无疑加大了遇见法律风险的可能性。

（五）文化风险

文化风险（Culture Risk）指的是由于中国在海外拓展海外经济利益，所引起的不同民族不同国家的文化碰撞，使中国海外企业、公司、机构等产生水土不服的潜在可能性。随着海外经营引起的利益关系调整，有可能带来民族文化冲突和企业文化冲突等风险。民族文化是历史发展的进程中逐渐形成的，并且深深扎根于这一民族的每一个人的心中。随着民族交往的扩大，各民族不断借鉴其他民族文化中的优秀部分，逐渐出现了文化趋同现象，但与此同时，相互交往过程中利益的冲突又导致民族文化产生冲突，经济利益的调整是民族文化冲突的原因之一。

（六）投资决策风险

投资决策风险（Investment Decision-making Risk）指海外投资决策失误而造成损失的可能性。海外投资作为一种跨国生产经营活动，面对一个与本国完全不同的环境，涉及面广，环节众多，面临的政治、经济形势多变，当可行性研究与实际情况不一致，或从做出决策到实际过程中客观条件发生了改变，就会给投资主体带来决策风险。

（七）劳工风险

劳工风险（Labor Risk），中国海外企业开展海外经营，员工地方化是其重要的特征，但是在不同的国家关于劳工方面的政策和法律环境也存在巨大的差异，而且国外的劳工组织 – 工会的势力非常的强大。与当地员工的劳务关系处理的好坏会直接关系到企业的正常运转，并且在某种程度上劳工的供应情况和劳工成本也会对企业的投资损益带来重大的影响。对投资国工会组织的不了解往往会导致中国海外投资企业出现重大损失并带来无尽的麻烦。首钢收购秘鲁铁矿成立的首钢秘鲁钢铁股份有限公司（简称首钢秘铁）便是一例。首钢收购秘鲁铁矿后，为与当地工会处好关系，曾邀请当地工会代表到中国参观首钢。但这些工会领导人一回国便要求首钢按照社会主义企业模式为职工提供福利，首钢秘铁的职工和家属因此全部享有免费的医疗、住房、教育和水电供应，使首钢背上了沉重的福利包袱，而企业工会却并不满足，不断提出过分甚至无理要求，并以罢工相威胁。2004 年 3 月在工会提出高额加薪的谈判破裂后，6 月 1 日便宣布无限期罢工，并借助当地政治势力的支持来寻求达到目的，首钢秘铁因罢工而造成的直接损失至少在 350 万美元以上。

（八）交通风险

交通风险（Passageway Risk）主要体现在货物运输过程中，商船遭遇海盗袭击、恶劣天气变化等不测事件带来的经济和人员损失。譬如承载中国国际贸易中最主要的运输力的海上运输，在海上通道安全上面临着以下主要威胁：一是美国试图在对中国具有战略意义的海峡区域的军事存在，对中国构成潜在的战略压力；日本、印度等国近年在太平洋、印度洋的一系列军事动向，增加了中国对运输通道和地区安全的担心。二是频繁的海盗活动对各国能源运输、对外贸易以及海上渔业作业构成现实的威胁，严重威胁过往船只和人员安全,全球每年因此遭受的直接损失达数百亿美元。在一些有争议及局势不稳定的地区，海盗活动尤其猖獗，西非沿岸、索马里半岛、红海、亚丁湾、孟加拉湾及马六甲海峡等附近水域海盗多发地区，其中包括马六甲海峡在内的东南亚水域是目前世界上海盗活动最猖獗的地区。中国船只和人员遭遇海盗袭击事件频频发生，这类事件已成为和平时期威胁中国海外经济利益的最为主要的形式之一。

除此以外，自然灾害风险也已成为影响中国海外经济利益的重要因素。比如，日本地震引发的海啸和核电站危机，使得日本汽车、电子以及房地产业损失巨大。根据媒体报道，中国投资公司参股了东京电力公司，东电旗下产业日本核电站爆炸引发的全球核污染危机必然对东京电力公司的发展产生重大影响。[1]

第三节　维护中国海外经济利益的路径与方略

中国海外经济利益的拓展与维护并不仅仅是"走出去"企业的事，政府在参与国际规则的制定、和谐国际环境的创造、政策和金融的支持方面对企业的海外经济利益拓展发挥着重要的作用。

一、融入国际规则的制定与国际事务的参与

政府要注重国际规则的制定与利用。目前国际条约的一大部分都是由发达国家主导制定的，很多发展中国家均以此为由斥责国际秩序的不平等，为本国社会无法与国际社会良好接轨寻找借口。中国在建国初期也曾游离于国际社会之外，甚至曾对国际秩序发出过挑战。鉴于对国际形势和自身情况的清醒判断，中国自改革开放便丢弃了过去秩序挑战者的身份，开始逐步融入国际机制。随着参与国际社会程度的不断加深，中国已经开始从当前发达国家主导的国际秩序中获得利益，因此，适度维护当前的国际秩序也是从另一个角度维护中国的海外经济利益。但是同时，我们发现，中国许多海外经济利益受到威胁甚至无法得到有效维护，都是由于我们对国

---

[1] 苗迎春:《中国海外经济利益的维护与拓展》, 载《红旗文摘》2011 年第 8 期, 第 24 页。

际社会适用的规则制度等不够熟悉，在运用这些游戏规则时缺乏技术性和技巧性。中国与世界上的其他发展中国家一道，主张在旧有的国际政治经济秩序基础上建立新秩序，使之更加公平公正。而在这些秩序最终确立前，中国既不应选择排斥，也不应选择被动地全盘接受这些国际秩序，或任由规则制定者滥用规则而使我国海外经济利益甚至国家利益受损，而是应在接受现存国际秩序的同时了解并熟练掌握当前的国际秩序及制定规则，加以利用使之为中国自身发展服务。中国应主动承担一定的国际责任，如对国际体系或其他成员国家提供公共产品和直接物质支持，以换取部分海外经济利益的实现。以美国为例，美国通过颁布《对外援助法令》常年对外进行援助，其主要为实现五个目标：和平与安全，公正、民主的政府治理，经济增长，改善民生，人道主义援助。[1] 此举不仅有效促进了本国在世界范围内的力量分布，同时还保障了美国在国际事务中获得受援国在政治上的支持，同时受援国建立起自由市场经济制度最终可使美国收到经济和安全利益。中国虽然是发展中国家，但也一直坚持对第三世界国家进行经济援助，收效颇丰。中国政府可考虑有计划、分阶段地向国际社会或其他国家提供公共产品以及直接的物质支持，以确保当面临某些重大海外经济利益发展或维护的需要时获得更多的理解和支持。中国应与世界各国更进一步沟通，最大限度争取国外政府、公众、媒体、企业等不同方面对中国政府和企业的认同，促进文化价值观、意识形态的趋同，树立良好的国际形象。从国际社会共有观念培育角度出发，提高中国国际影响力，为中国更好地实施"走出去"战略创造良好的舆论氛围和外部环境，从更深层次促进海外利益更好地实现及维护。

二、积极建立和完善相关制度保障体系

制度保障是经济正常有效运行的稳定器，建立和完善我国海外经济利

---

[1] 汪段泳:《海外利益实现与保护的国家差异———项文献综述》，载《国际观察》2009 年第 2 期，第 29—30 页。

益维护和拓展的制度保障体系对于解决我国"走出去"企业海外发展问题具有重要的意义。具体应该从以下几个方面着手：

（一）进一步完善有关法律体系

为适应对外开放的需要，吸引外商来华投资，同时保护中国投资者在国外的权益，我国目前已与100多个国家签订了投资保护协定，其中半数以上已经生效；与80多个国家签订了避免双重征税协定。我国政府为了引导和促进对外投资的发展，保护对外投资企业的合法利益，目前已经制定了一些相关法律。如《关于境外投资开办企业核准事项的规定》、《在拉美地区开展纺织加工贸易类投资国别导向目录》、《对外投资国别产业导向目录》、《在亚洲地区开展纺织服装加工贸易类投资国别指导目录》等。但是，目前我国还没有法律能真正明确我国企业的对外投资主体权利和义务，从而规范主体投资行为。这就迫切要求我国相关部门加快立法进程，制定相应的法律法规，使我国企业能顺利实现从国内到国外市场的过渡，规范我国对外投资企业的权利和义务。尽快建立和健全有关法律法规，为企业境外投资和经营创造一个公平、宽松、有利的环境。另外，应该加强国家间双边贸易法规的发展进程，大力推动政府间区域经济合作和投资保护协定的签订，为我国企业对外投资构筑良好平台，采取有效措施，保护好我境外资产和人员安全，保护我国企业境外投资经营的合法权益。

（二）构筑企业海外经营的风险评估与防范体系

目前，中国进出口银行已对我国企业对外投资东道国的风险评估和防范方法进行了分析和研究，并得出了评估报告。但这个报告主要是从进出口银行的角度出发进行研究的，不适合企业使用和参考。因此，我们要继续完善相关监管体系，对我国对外投资行为进行合理规范，规避不合理行为，通过政府有效的制度安排，提高应对境外突发事件的疏导、预防、预警能力，加强对企业对外投资效果的检测，以减少损失。建议可由政府相关部门组织，委托中介机构、高等院校、相关行业专家等，建立风险评估体系，定期发表风险评估报告，供我国政府和企业海外投资参考。

伴随国际金融市场的不断发展，对外投资面临新的机遇，同时面临的金融市场风险也不断出现。一是金融危机的直接损失，东道国如果爆发金融危机，就会引起汇率市场、股票市场和债券市场等的连锁反应，使我国的对外投资面临直接的风险，这几年的世界金融危机就是典型的例子。二是金融衍生市场的危害，金融衍生产品产生的初衷是好的，可以帮助投资者分散风险和获取暴利，但同时也是投资风险的陷阱，造成投资的失败。三是国际投机资本的危害，国际投机资本会以"热钱"的形式流入东道国，推动资产"泡沫"产生，引发金融危机，对投资国的对外投资产生挤出效应。因此，我国对外投资必须逐步培养优势产业，实现对外投资多元化发展。在对外投资的过程中，注意投资地区、投资行业和投资时机的选择，注重长期利益的实现；在进行高风险的境外股票、期货、外汇炒卖和金融衍生品交易时，要加强疏通资本流通渠道，完善跨境资本流动监测和预警体系，防范侵吞国有资产、资本外逃和洗钱等危害国家利益的行为的发生。[1]

（三）建立企业海外发展的金融支持体系

首先，国家和金融机构应该放松对我国企业对外投资的金融控制。帮助条件优越的跨国企业获得必要的海内外融资权，国内金融组织在风险底线内积极为跨国企业提供资金支持，鼓励企业在国际金融市场上灵活运用发行股票、债券及国际信贷等多种方式融资，并不断完善国际投资担保体系，简化申请程序，节约审批时间，提高办事效率，减少企业的综合成本，增强企业的竞争力。

其次，适当放松对跨国企业的外汇管制。相关部门应该继续深化外汇管理体制改革，放松和取消不必要的外汇管制，简化相关程序和手续，提高用汇和汇出的便利化程度，进一步方便我国企业的对外投资。

最后，积极发展海外投资保险业务。逐步建立起适合我国国情的海外投资保险制度，积极发展海外投资保险业务，化解潜在的金融风险和政治风险，有效保护企业海外投资的利益，减少企业海外经营的风险顾虑。

---

[1] 赵伟：《中国企业海外利益拓展的政治经济学研究》，硕士学位论文，中共中央党校，2011年，第62页。

三、消除"中国投资威胁论",树立中国对外投资的良好形象

中国这几年的对外投资发展较快,随着投资的增长,海外媒体对中国投资也有一些负面的议论,比如说中国破坏了国际的商业秩序,还有人认为影响了当地的就业,还有报道说中国缺少社会责任。"中国投资威胁论"成为维护我国海外经济利益的重要障碍。因此,加强境外公关能力建设势在必行。要大力宣传我对外投资对东道国经济建设的积极影响,比如中国投资通过开展属地化经营,培养大批当地人才,促进东道国产业升级和自主发展能力。中国投资不仅带去了资金、技术,还增加了当地就业和税收;通过资源能源合作,帮助东道国提高资源附加值,将资源优势转化为发展动力;通过基础设施建设合作,帮助东道国建设交通网线、通讯设施、城市给排水以及学校医院,改善当地生产生活条件;通过提供金融信贷支持,很大程度上弥补了东道国资金缺口,为当地提供了重要的发展机遇;通过积极履行社会责任,为促进当地经济社会发展做出了积极贡献。中国对外投资企业依法经营,注重环境保护和安全质量,维护劳工合法权益,积极参与社会公益事业,积极履行社会责任,受到当地政府和人民的普遍欢迎。[1] 在宣传中,要注意引用一些鲜活、生动的案例,增强形象宣传的正面效果,打消投资东道国的疑虑,为双边投资和经济合作创造一个良好的环境。

四、灵活运用对外援助"巧实力",扩大海外经济利益

对外援助是国家对外交往中的一个手段。如果说军事打击是"强制实力",政治和经济制裁是"硬实力",文化、意识形态和价值观的吸引力为"软实力",那么对外援助就可以被认为是"巧实力"。它通过把一个国家

---

[1] 林秀敏:《中国对外投资造福当地百姓,外媒负面炒作有失公允》,中国经济网(http://intl.ce.cn/specials/zxxx/201011/01/t20101101_21933453.shtml),2010 年 11 月 1 日。

的部分"利益转移"来帮助实现其外交目标。外援目标可分为三类：一是维护国家安全，二是扩大国家影响力，三是为经济利益服务。[1] 作为一种重要的对外政策手段，中国的对外援助增进了与受援国的相互理解和信任，促进了外交战略目标的实现，为开拓对外经济关系发挥了重要贡献，彰显了中国作为负责任大国的国际形象。中国对外援助有助于塑造中国良好的国际形象，有助于推动中国倡导的平等、公正、正义的价值观念，有助于传递中国维护和平促进发展的政策取向，有助于实现"和谐世界"外交新理念。然而，从绝对值来看，2009 年我国对外援助财政支出 133 亿元人民币，大致占西方七国集团平均值的六分之一，经合组织（OECD）发展援助委员会 22 个成员国平均值的三分之一，只与瑞士等西方中小国家相当；从相对值来说，2009 年 OECD 发展援助委员会成员国平均值为 0.31%，我国只有其八分之一。因此，在量力而行的前提下，有必要适度扩大对外援助规模，这有利于实现我国的"市场多元化战略"，有助于发挥援外的市场先导开拓效应和商品品牌的传播效应，[2] 还有利于推动中国海外投资，分享全球战略资源。以非洲为例，非洲国家对世界经济参与程度不深，受当前国际金融危机影响有限，这就提供了难得的机遇，为中国发展对非洲经贸关系提供了广阔空间。

五、加快中国主权财富基金的对外投资进程

主权财富基金的主要资本金长期投资于海外市场，追求投资组合的财务回报最大化，是实现国家财富增值的重要途径。由于主权财富基金奉行多元化的资产组合策略，且大多不谋求敏感行业的控股股权交易，因此能够较好地回避投资东道国的政策限制，有利于在全球范围内展开资金布局，从而更好地拓展中国的海外经济利益。目前，我国的主权财富基金只有中

---

[1] 刘慧华、徐九仙：《中国对外援助中"巧实力"运用的分析》，载《亚非纵横》2010 年第 1 期，第 52 页。
[2] 苗迎春：《中国海外经济利益的维护与拓展》，载《红旗文摘》2011 年第 8 期，第 25 页。

国投资公司（注册资本金为 2000 亿美元）一家，可用于境外投资的资金仅为 1000 亿美元，仅占我国 3 万亿外汇储备的很小一部分，未来似可进一步扩大中投公司的资本金规模，加大加快中投公司的对外投资进程。然而，金融危机爆发后，各国采取了各种刺激经济的措施，普遍都实施了积极的货币政策，对外来投资也采取了较为宽松的政策，随着经济的逐步回暖，以美国为代表的西方国家又开始散布"主权财富基金威胁论"，并且对中国等发展中国家的主权财富基金采取了严格的审查和限制措施。美国国会在这方面最为敏感，几乎每次召开听证会都会警告政府要警惕主权财富基金对国家安全的影响。2007 年，美国国会通过了《外国投资与国家安全法》。该法对《国防生产法》721 条款作了大的修改和补充，包括以法律形式明确外资委员会的地位和运行程序，细化了调查与审查的程序，进一步加强对外国政府投资的审查规则等。[1] 此外，该法案还扩大了与国家安全相关的行业领域，基础设施、大型电厂、港口等也明确纳入审查范围。美国通过严格审查手续，使外国主权财富基金能够放弃投资与美国国家安全相关的行业，把投资目标转向美国所希望的领域。[2]

从中投成立以来的投资地区来看，海外投资多以美国等西方发达国家为主，如成立之初投资美国私募基金管理公司黑石公司和摩根士丹利公司等，2008 年收缩投资，全年海外投资仅有 48 亿美元，也以发达国家的现金产品为主。2009 年投资的地区除了美国、加拿大等传统投资目的地国家外，更多地向亚洲等地区转移。由于美国、澳大利亚等国家实施金融保护主义政策，对新兴市场国家的主权财富基金采取严格审查限制，所以，中投公司应将目光从瞄准美国等传统投资目的地国家转向更广阔的区域，如亚洲的许多国家和地区，还可以抓住欧盟由于身陷债务危机对中国资金从拒绝到审慎欢迎的转变契机，在欧盟实施新一轮的战略投资。[3] 由于同

---

[1] 杨鸿：《美国国家安全审查对主权基金的监管及其启示——结合美国国家安全审查相关规则最新改革的分析》，载《河北法学》2009 年第 6 期，第 179 页。
[2] 宋国友：《主权财富基金的兴起与美国金融霸权》，载《现代国际关系》2007 年第 9 期，第 42 页。
[3] 彭亮：《中国主权财富基金投资策略辨析》，载《人民论坛学术前沿》（总第 333 期），2011 年 9 月 6 日。

在亚洲，山水相连，经济与人员往来频繁，民间有着友好的交往基础，在产业结构、市场条件和资源禀赋上都有着较好的合作空间，中投公司应在亚洲区域寻找广泛的投资机会，以期做到与国家的地区外交政策互相呼应。加强与非洲的合作也十分重要，非洲历史悠久、幅员广袤、资源丰富，发展潜力巨大。长期以来，中国企业在非洲进行基础设施投资建设取得了良好的成绩。我们应该坚持在互惠互利的基础上，加强资源和能源方面的合作，通过合作帮助非洲将资源优势转变为发展优势，同时实现双赢的合作发展。

六、大力发展军事能力，维护海外经济利益

目前，在全球化和中国改革开放的大背景下，中国迅速融入到相互依赖的国际政治经济体系中，中国海外经济利益的数量、规模和范围都越来越大。从近海走向远洋，是保护中国日益广泛的海外经济利益的必然选择。中国经济的外向型特征越来越明显，外贸、外经和对外投资都在快速增长。中国特殊的地理特征决定了中国外贸物资的90%要通过海洋通道。蓬勃发展的中国外贸经济，是推动中国海军从近海走向远洋的最强劲的内在动力。中国油气进口一半以上来自海湾，穿越印度洋、马六甲海峡和南海的石油航线，是中国经济的生命线，是中国最重要的海外经济利益所在。这条航线风险众多，外在威胁巨大。从美国的经验来看，保护本国的海外利益，海军能够发挥巨大的作用。但相对于中国海外经济利益的迅速拓展而言，中国维护海外经济利益的军事自卫手段仍然严重滞后。由此可见，在中国对外投资和外贸额不断增加，海外经济利益迅速发展的情况下，大力发展中国海军力量，增强海洋防卫作战能力，才能担当起保卫海防、维护海外经济利益的重任。

和平时期海军的非战争运用，首先是海上威慑，国家拥有一支强大的海上舰队，对目标方向能透出强大的威慑力和攻击力，从而有可能不通过

战争就达到国家政策的目的。其次是海军外交，以海军舰艇出访为主要形式的海军外交，是国家军事外交中最具特色、最为活跃的内容。第三是海上执法、维和、海上安全合作和海上危机处理等，这是海军履行所属国家和联合赋予的职责的行为。

2008年12月23日，中国国防部宣布，根据联合国安理会有关决议，中国海军编队赴索马里海域执行护航任务，保护中国航经亚丁湾、索马里海域船舶、人员安全，保护世界粮食计划署等国际组织运送人道主义物资船舶的安全，这是中国海军首次赴海外执行护航任务。2011年12月10日，中国、老挝、缅甸、泰国在湄公河正式开展联合巡逻执法，四国执法船将采取全线巡逻、定点待机、随机巡航、伴随护航等联合巡逻方式，对限定巡逻水域组织开展巡逻，共同组织实施联合行动，专项整治危害湄公河流域安全的突出治安问题，有效保障国际航运安全和畅通，维护船舶和人员生命财产安全，进一步促进沿岸各国经济发展和友好往来，使湄公河真正成为"安全、和平、友好"的国际黄金水道。

但是，随着中国海外经济利益的不断扩大，单靠自身海军已经难以完全解决问题。要真正维护好我国的远洋运输利益，首先要牢固树立海洋安全观，把维护海上战略通道安全纳入国家发展和安全战略统一筹划；其次要通过联合国安理会，建立有关国家在打击海盗、维护海上通道安全上的有效机制；三是加强与有关国家海上安全磋商和对话，制订和完善有关海上安全的具体规则和安全程序，加强信息共享、情报支援；四是积极开展海上非传统安全领域的合作，共同打击海盗、走私、贩毒和非法移民等海上犯罪，确保我国对外贸易的海上运输安全。

第四章　中国海外能源利益的拓展与维护

　　随着中国经济和社会的迅速发展以及国际能源局势的急剧变化，中国对外能源依赖度与日俱增，中国面临着十分严峻的能源安全问题，这些安全问题涵盖了中国能源安全的诸多领域，包括能源供应、能源运输、能源价格和能源储备等问题。能源安全问题已经成为中国国家总体安全中的重要一环，而中国的能源安全问题更多的是中国海外能源的供应、拓展与维护问题，这也就形成了独特的中国海外能源利益。由此可见，中国海外能源利益实质上是中国海外经济利益、海外政治利益、海外安全利益和海外能源企业的海外设施和人员安全利益的综合体。鉴于中国能源安全问题的严峻性及中国海外能源利益在中国国家安全格局中的重要性，本书将中国海外能源利益的拓展与维护单独列出予以重点描述与分析。

第一节 中国国内能源基本情况

能源是国民经济的血液和动力，关系到经济社会正常运行和发展，关系到经济安全和国家安全，关系到生态环境，也涉及子孙后代的生存与发展。邓小平同志曾指出"能源问题是经济的首要问题"，这是对能源重要性非常准确的概括。作为世界上最大的发展中国家，我国能源发展面临巨大挑战，安全问题日益突出。

建国 60 多年来，我国能源工业获得了较快发展，取得了举世瞩目的成就，其中，煤炭产量居世界第一位，发电量居世界第二位，石油产量居世界第五位，形成了门类齐全、规模宏大的能源供需体系，基本保证了经济发展的需要。然而，我国的能源生产与消费仍然不能满足经济快速增长和社会可持续发展的需要，能源安全形势严峻，能源供需矛盾日显突出。

一、人均能源占有量低，能源结构不合理

2010 年，世界煤炭探明储量为 8609.4 亿吨，中国为 1145 亿吨，占世界探明储量的 13.3%，居世界第三位，世界储产比[1] 为 118，我国储产比为 35。世界石油探明可采储量为 1888 亿吨，中国为 20 亿吨，占世界储量的 1.1%，世界储产比为 46.2，我国储产比为 9.9。世界天然气可采储量为 187.1 万亿立方米，中国为 2.8 万亿立方米，仅占世界储量的 1.5%，世界储产比为 58.6，我国储产比为 29。[2]

由于我国人口众多，人均能源占有量远低于世界平均水平。如天然气人均 930 立方米，是世界人均占有量的二十二分之一；液化石油气人均仅

---

[1] 储产比是与产量相联系的另一个反映石油生产潜力的参数，它是指每年年底石油剩余可采储量与该年产量的比值。储产比越高，说明未来的生产潜力越大；储产比越低，说明未来的生产潜力越小。

[2] BP Statistical Review of World Energy, June 2011，p6，p20，p30，
http://www.bp.com/assets/bp_internet/globalbp/globalbp_uk_english/reports_and_publications/statistical_energy_review_2011/STAGING/local_assets/pdf/statistical_review_of_world_energy_full_report_2011.pdf.

29 吨，是世界人均的十分之一；煤炭的储量、产量虽然是世界的第三位，但人均占有量却只有世界平均水平的二分之一。

在我国能源消费总量中，煤炭比例多年来一直保持在 65% 以上。从能源结构的变化趋势来看，煤炭所占比重逐步下降，其他能源所占比重逐年上升。1990 年，煤炭占能源消费的比重为 76.2%，2000 年下降到 69.2%，2010 年下降到 68.0%；石油、天然气、水电等的比重则分别由 1990 年的 16.6%、2.1% 和 5.1%，提高到 2010 年的 19.0%、4.4% 和 8.6%。[1]

二、能源总需求大于总供给，供需矛盾持续扩大

中国经济的发展受能源供给和需求变化的制约。但在不同时期，能源制约中国经济发展的方面是不同的。中国改革开放以来，能源安全形势发生了两大转变。1980~1990 年的十年间，中国经济发展的能源因素体现为能源消费不足，中国能源生产总量高于能源消费总量，出口量远远大于进口量，这十年中我国的能源形势基本是安全的。但从 1990 年起，中国国内生产总值在保持 7% 以上的增长的同时，中国能源消费总量开始接近生产总量，能源进口量大幅上升。到 1992 年能源生产总量只略低于国内能源消费需求总量，2000 年能源生产与消费总量缺口迅速拉大，从 1914 万吨标准煤扩大到近 1.05 亿吨标准煤，再扩大到 2010 年的 2.8 亿多吨标准煤。这说明，中国能源总消费已大于总供给，能源需求对外依存度迅速增大。据国际能源署（IEA）在 2010 年 11 月发布的《2010 年世界能源展望》（World Energy Outlook 2010）资料显示，中国在 2009 年已经超过美国成为世界上最大的能源消费国家，并表示到 2035 年，中国占世界能源的需求将超过需求总量的五分之一，继续成为全球能源消费的领跑者。该机构还预测，中国的能源消费量在 2035 年时将从现在的 17% 上升至 22%，依然

---

[1] 中国国家统计局：《中国统计年鉴 2011》，中国统计出版社，2011 年版。

是世界第一大能源消费国。[1]虽然与中国国家统计局统计数据有偏差，但至少说明中国能源消费需求在逐年增加，中国能源安全形势已亮起红灯。

三、新能源建设进展缓慢

根据中国国家能源局公布的数据，截至 2010 年年底，火力发电在总装机量中仍占主导地位。非化石能源装机比重合计占 26.6%，比上年提高 1.1 个百分点，累计发电量 7862 亿千瓦时，按发电煤耗折算约合 2.63 亿吨标准煤。2010 年，全国电源工程建设完成投资 3641 亿元，非化石能源建设投资占电源建设总投资的比重达到 63.5%。对比欧洲发电装机总容量数据来看，截至 2010 年底，中国发电装机总容量已经超过欧洲，但非化石能源的比例基数较低，远低于欧洲的 46%。在 2010 年新增发电设备容量中，非化石能源的比例达到 35.8%，虽仍低于欧洲的 41%，但已有显著进展。其中，光伏发电装机容量仍处于较低水平。

当前，中国的非化石能源以水电为主，2010 年的新增发电装机容量中，风电和核电都有了长足进展。然而太阳能光伏的比例却远远落后。在未来的若干年中，将会出现多种能源共存的局面，风能、核能、水力发电及生物能源将协同减少对化石能源的依赖。但是，单单关注水电、风电和核电难以实现中国政府的减排目标和能源结构调整目标，尤其是长远的能源供应目标。由于中国丰富的水力资源集中在遥远的西部和西南地区，这需要解决长距离输电的挑战和提高其电力输送技术，并且水利资源本身存在总量限制。中国也富有风力资源，但从最近公布的《风电、光伏发电情况监管报告》来看，风电并网难题再次暴露，2010 上半年，全国近三分之一的风机处于空转状态。核电尽管技术成熟且广泛采用，但它也面临一系列难题。

---

[1] International Energy Agency(IEA)，World Energy Outlook 2010，p97，（http://www.worldenergyoutlook. org/docs/weo2010/toc_extended.pdf），2010.

第二节　中国能源安全基本态势

能源安全不是单纯的能源问题，也不仅仅是一个国内保障供应的经济问题，而是一个涉及国家安全、国家利益和对外战略等多层面的国家战略问题，也是一个关乎国际能源供求和能源地缘政治的国际战略问题。[1] 能源安全不仅包括能源供应的安全（如石油、天然气、电力和煤炭），也包括对由于能源生产与使用所造成的环境污染的治理。从长远和全球的观点来看，所谓"能源问题"，确切地说就是石油问题。几乎所有国家都把石油置于能源战略的核心位置。所谓石油安全就是保障数量和价格上能满足经济社会持续发展需要的石油供应。

一、国内石油供需矛盾日益凸显

（一）中国对石油的需求迅速增长

以石油为主是各国工业化的普遍经验。虽然世界能源消费结构开始多元化，但 1973 年至 2009 年，石油在世界能源总消费量中的比重依然一直保持在 40% 以上。[2] 对于大力加强工业化建设的我国，石油消费量的增长速度也是非常明显。在改革开放的头 20 年，煤一直是中国能源生产和消费的主体，在能源结构中，煤、天然气和水电的供求基本平衡，改革开放以来，煤在能源供求总量中的份额有所下降，石油在能源供求中比重却迅速上升。在中国的一次能源消费结构中，煤炭的比重已由 1990 年的 76.2% 下降到 2010 年的 68%，降了 8.2%；石油的比重却由 1990 年的 16.6% 上升到 2010 年的 19%，提高了 2.4%。[3]

---

[1] 倪健民主编：《国家能源安全报告》，人民出版社，2005 年版，第 1 页。

[2] International Energy Agency(IEA)，Key World Energy Statistics 2011，October 2011, p28. http://www.iea.org/textbase/nppdf/free/2011/key_world_energy_stats.pdf.

[3] 国家统计局：《2009 年统计年鉴》，中国统计年鉴（http://www.stats.gov.cn/tjsj/ndsj/2009/indexch.htm）。

（二）中国的石油供应难以满足石油需求的增长

我国石油工业在近20年中发展较快，取得了重大成就。但随着国民经济的发展，石油消费增长迅速，国内石油现有生产能力无法满足需求，石油生产和消费比重严重失衡：从1978年到2010年，石油生产在能源生产总量的比重从23.7%下降到9.8%。特别是20世纪90年代以来，我国国民经济按年均9.7%的速度增长，石油消费按年均5.8%的速度增加，而受国内资源及开采条件的约束,同期国内原油供应增长速度仅为1.7%[1]。目前我国东部老油区大多处于开发中后期，综合含水率逐年增加，稳产难度越来越大；西部战略新区大多处于沙漠、戈壁等环境恶劣地区，增产幅度未达到预期目标。越来越多的证据表明，新石油储备的开发速度，跟不上现有石油储备的消耗速度，而且新开发的油田总是不可避免地含有"难采石油"，石油开发速度的提升，潜力有限。显而易见，由于受国内石油资源等因素的限制，在中国，石油产量的增长远远赶不上需求的增长，供需矛盾日益突出已经成为不争的事实。

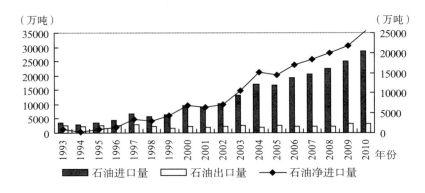

图4-1 1993～2010年中国石油进口量、出口量、净进口量比较图[2]

[1] 刘增洁、武初国：《我国石油安全供应面临的问题》，载《国土资源情报》2005年第10期，第52页。
[2] 国家统计局：相关年份的《中国统计年鉴》，经整理；2006—2009年数据来源于田春荣：《中国石油进出口状况分析（2007—2010年）》，载《国际石油经济》，2008、2009、2010、2011年第3期，经整理。

二、石油进口量逐年增加

20 世纪 80 年代末，中国还是欧佩克之外最大的石油出口国，可是从 90 年代开始，经济的持续高速发展带动了石油消费量的急剧上升。1993 年石油进口量超过了石油出口量，在数量上成为净进口；1995 年石油进口的金额超过了石油出口的金额，在石油贸易金额上成为石油净进口国。

2003 年中国的石油形势发生了又一个重大的转折：石油年消费量、进口量超过了日本，成为仅次于美国的世界第二大石油消费国和进口国。2010 年，包括原油、成品油、液化石油气（LPG）和其他石油产品在内的中国石油净进口量跃升 16.2%，达到 2 亿 5367 万吨。中国石油进口依存度 [1] 也从 1993 年的 0.8%，至 2007 年首次达到 50% 之后，在过去几年继续攀升，2010 年已升至约 60%（见图 4-2）。[2]1993～2010 年的 18 年间，中国的石油进口依存度增长了约 75 倍。自 2000 年以来，每年的石油进口依存度也有高达 5.23% 的增幅。随着新能源新技术的开发利用，我们对石油的需求增幅也许不会如过去的十年那么大，但是在可预见的将来，石油资源仍将是一种必不可少的重要能源。有学者预测 2010 年，中国石油自给率将低于 60%；2020 年自给率为 45%；2050 年将有 70% 以上的石油从国外进口。[3] 国际能源机构（IEA）、美国能源署（EIA）和欧佩克（OPEC）预测 2020 年中国的石油需求量分别将达到 5.06 亿吨、5.5 亿吨和 4.5 亿吨。[4] 由此可见，除非出现完全可以替代石油的新能源或者原材料，否则在可以预见的将来，中国石油的进出口逆差持续增大的趋势仍然无法得到缓解，石油进口依存度也将会继续上升。

石油对外依赖程度越高，表明一国石油供应安全越可能具有脆弱性。

---

[1] 石油对外依存度指的是石油净进口量占国内石油消费量的比例。

[2] 田春荣：《2010 年中国石油进出口状况分析》，载《国际石油经济》2011 年第 3 期，第 15 页。

[3] 吴磊：《中国石油安全》，中国社会科学出版社，2000 年版，第 128 页。

[4] IEA, World Energy Outlook 2000, p61;EIA, Annual Energy Outlook 2001 With Projection to 2020, p153;OPEC, Oil& Energy Outlook to 2020, p64;IEA, China's Worldwide Quest for Energy Security, p19.

而石油进口的脆弱性，又是衡量石油安全的关键性因素。为了维护国民经济的稳定与健康发展，石油安全已经成为摆在我们面前的严峻问题。有人说，中国未来石油安全问题的出路在"海外"，[1] 从发展的眼光看，这种观点似乎有些危言耸听。但它却道出了一个不容忽视的事实：中国石油安全问题的解决离不开国际石油市场和国际经济政治环境，中国的石油安全战略在某种意义上说是一种石油对外战略或石油国际战略。

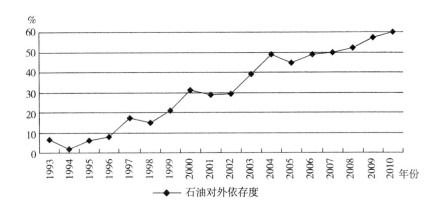

图4-2 1993～2010年中国石油对外依存度

三、利用境外石油资源的不安全性日趋严峻

（一）油源的不安全性

1. 石油来源地过于集中。我国目前石油进口以原油为主，2009 年，中国进口原油 2.038 亿吨，超过日本成为仅次于美国的全球第二大原油进口国；2010 年，中国原油进口量继续攀升，并创下 2.39 亿吨的新纪录，比 2009 年增长 17.4%。过去 10 年，中国原油进口量平均每年递增 13%。预计在今后 10 年里，即使年均增幅减弱为 8%，2020 年中国原油进口量

---

[1] 舒先林、阎高程：《石油：中国能源安全的核心与国际战略》，载《石油化工技术经济》2004 年第 20 卷第 3 期，第 12 页。

也将比 2010 年增长一倍，达到 5 亿吨以上，并可能在这之前的两三年超过美国，成为全球最大的原油进口国。2010 年我国原油进口量占石油进口总量的 83.28%，其中主要进口地区为中东地区，进口量占全国总进口量的 47.1%，进口量靠前的前五位国家分别是沙特阿拉伯、伊朗、阿曼、伊拉克、科威特；其次是非洲地区，进口量占全国总进口量的 29.6%，进口量靠前的前五位国家分别是安哥拉、苏丹、利比亚、刚果、阿尔及利亚。[1] 随着中国经济发展对石油需求的增加，对中东地区、非洲地区的石油依赖程度将有可能进一步加深，而过分依赖单一的石油来源地不利于中国的石油安全。任何过度的依赖都会成为一种"软肋"，从新自由制度主义的角度看，会造成应对突发状况的敏感度强，脆弱性高；从新现实主义的角度看，容易被竞争对手要挟和利用，从而不利于维护国家在紧要关头所最为关注的安全问题。

2. 石油资源竞争激烈。在现代国际关系史上，为争夺控制石油资源而发生的对抗、冲突乃至战争屡见不鲜。在新世纪，石油仍然是制约各个国家经济发展的重要战略因素之一，石油资源丰富的地区往往处于动荡的状态，这里面既有各国国内各种利益集团的较量背景，也有一些大国不断插手地区事务的企图。无论是海湾战争、伊拉克战争，还是利比亚战争、"阿拉伯之春"等，其背后都有大国推进其全球石油战略布局，抢占石油地缘战略支点的影子，客观上也造成了一些石油资源丰富的国家或地区的局势动荡。在中东、拉美和非洲，那些局势不稳定的地区或国家，往往是那些富产石油的国家，也正是中国目前原油进口重要的来源地区。

世界石油资源争夺日益激烈，境外资源空间逐步缩小，中国石油跨国公司对外直接投资受到西方跨国公司的挤压和地方势力的排挤。目前我国石油企业"走出去"战略实施的方式可归纳成两种：一种为利用现汇购买；另一种则为在国外投资购买国外的股外油权，从事勘探开发，获得股份油。然而，目前世界上条件较好的油气富集区几乎全部被国际石油公司瓜

---

[1] 田春荣：《2010 年中国石油进出口状况分析》，载《国际石油经济》2011 年第 3 期，第 19 页。

分完毕，可资开发和输出的油气资源越来越少。仅以中东地区为例，该地区 80% 以上的油田股份被西方石油公司拿走，而中国要想获取上游资源，只能从西方石油公司手中购买或从资源国购买条件较差、成本较高的油田。此外，石油消费大国对于石油资源的争夺日趋白热化，对于中国而言，这种竞争主要来自于欧美和亚太。美国一直将中国视为挑战其霸权的全球性战略竞争对手，试图遏制中国的发展。近年来，中国经济的壮大以及软实力的上升，更使美国增强了全面遏制中国大国崛起的决心。从石油上加以钳制，就是其手段之一。插手中国与哈萨克斯坦和土库曼斯坦的油气开发和合作；阻碍中国在中亚扩大份额油的努力；竭力劝阻中国石油天然气集团公司（CNPC）竞标伊朗的 16 个油气开发项目；阻扰中海油和雪佛龙德士古竞购优尼科；质疑中石油在苏丹的油气开发业务等等，背后都有对中国石油资源进行牵制和排挤的影子。与欧美相比，以中日韩为首的亚太地区的石油之争则更具有博弈性质。中日之间围绕西伯利亚—远东输油管线建设的问题展开激烈的博弈以及中日东海油气之争等，都是中日能源之争的典型事件。由此可见，中国石油来源地局势的动荡以及世界石油资源日益激烈的争夺导致我国境外资源空间逐步缩小的状况，将成为我国未来油源安全的重要隐患。

（二）油路的不安全性

我国当前进口石油运输方式还比较单一，主要有以下两种方式：一是海运。海上运输主要是从中东、非洲、东南亚、南美洲等地区将原油通过油轮进行运输。其运输量占目前的 90% 以上，而且大都为国外公司承运。这几个地区出口到我国的石油运输路线如下：（1）中东石油运输路线：波斯湾—霍尔木兹海峡—马六甲海峡—（或者望加锡海峡）—台湾海峡—中国；（2）非洲石油运输路线：北非—地中海—直布罗陀海峡—好望角—马六甲海峡—台湾海峡—中国，西非—好望角—马六甲海峡—台湾海峡—中国；（3）东南亚石油运输路线：马六甲海峡—台湾海峡—中国。二是陆路运输。陆路运输主要是从中亚、俄罗斯等地将原油通过管道或铁路进行运输。相对海运而言，陆路运输通道要安全一些，但存在运输成本高问题，所以目前所占的份额也并不是很大。

从上述三条海运运输路线可以看出，我国通过海运方式进口石油路线比较单一，高度依赖于霍尔木兹海峡和马六甲海峡。中国从上述线路进口石油存在以下几点风险：首先，中国在中东、非洲等地区的石油外交引起以美国为首的发达资本主义国家的猜疑，使中石化等公司在这一地区扩展业务受阻；其次，霍尔木兹海峡和马六甲海峡等海路运油的要道长期被美国等发达国家控制和把持，而中国由于海军实力不强，无法通过一定的制海权维护石油的安全供应；再次，由于国内油轮在质量、管理、运输水平、运输成本上与国外油轮还存在较大差距，绝大多数的运输业务是由国外油轮承担的，这加重了我国的对外依赖和运输风险。

在中国石油进口的海运线路中，马六甲海峡始终是中国海上重要运输通道，直接关乎着中国石油安全，对中国来说，这是一条名副其实的"海上生命线"。马六甲作为沟通太平洋和印度洋、连接亚非欧的咽喉要道，是世界上商船往来最繁忙的海峡之一。然而，自古以来，"形胜之地"多争执。马六甲海峡由于其战略地位的重要性，一直是国际势力竞争的焦点。目前，马六甲海峡为新加坡、马来西亚、印度尼西亚三国共管。但美国、日本，甚至印度都在试图控制这一重要海上通道。长期以来，在美国的全球战略中，马六甲海峡一直具有重要的军事价值，是美国必须控制的世界16大咽喉之一。布热津斯基曾一针见血地指出：马六甲海峡是控制亚太地区大国崛起的关键水域。其实美国看重马六甲海峡，最主要的因素是中国的崛起。经济的发展使得中国对油气的需求必然越来越大，由此必然引发与美国的能源利益冲突；美国一直试图以反恐和非传统安全为名，实现在马六甲海峡的军事存在，但遭到印尼和马来西亚的强烈反对。派兵未果，但加强了与马六甲海峡沿岸三国的安全合作，包括情报交流和人员培训等，此外，美国还拥有新加坡樟宜海军基地的使用权。美国的行动不仅是中国油气安全的潜在威胁，而且还束缚了中国在台湾问题和在周边事务中的行动能力。

对日本来说，马六甲海峡是其"海上生命线"的关键点。其进口原油的 90% 以及贸易总额的 30% 都要"流经"马六甲海峡。控制了马六甲，日本既可解后顾之忧，还可对他国形成逼迫之势。因此，近年来，日本海上自卫队频频以"打击海盗"为借口，与东南亚国家海军举行海上联合军演，并主持召开国际反海盗会议。虽然日本宪法规定不能直接向别国提供军事援助，但是日本还是积极提出与沿岸三国共同打击海盗，为防止恐怖主义袭击提供技术和物质支持，不断推动与沿岸国在多方面的合作。[1] 而且在 2004 年 3 月通过的所谓《有事（紧急状态）相关法案》中，明确将马六甲海峡列入日本"周边事态"的行动范围之内。

与美日相比，印度把马六甲海峡视为从印度洋进入太平洋的一扇大门，看成印度政治、经济和外交全面实施"东进战略"的必经之路。印度的油气供应主要靠进口，每年有 114 艘特大型油轮共计 95 亿桶石油经马六甲海峡运往印度。[2] 印度近年来一直宣称在马六甲海峡拥有安全利益。安达曼尼科巴群岛是印度的战略要地，位于马六甲海峡的西北端，是其东方门户，据此不仅可扼守从马六甲海峡进入印度洋的航道，从而控制马六甲海峡，还可以进一步控制孟加拉湾，染指亚齐和整个东南亚事务。[3] 印度在该群岛修建了海军基地，在岛上成立了第 4 海军司令部，并配备有相当兵力，从而在马六甲海峡的西部入口处建立了一个前沿基地，以此达到掌控印度洋的目的。印度外长辛格曾称，确保马六甲海峡安全符合印度的贸易和军事安全利益，传递了印度原则同意为马六甲海峡提供安全保障的明确信号。[4]

此外，由于马六甲海峡的长度约为 800 千米，每年有大约 5 万艘船

---

[1] Yoichiro Sato, "U.S. and Japan in the Malacca Strait: Lending Hands, not Stepping in", Pacific Forum, CSIS, Honolulu, Hawaii, July 12, 2004, http://www.csis.org/pacfor/pac0429A.pdf.

[2] 钱峰：《印美想当马六甲警察》，2002 年 4 月 25 日《环球时报》，第 2 版。

[3] 周翔：《马六甲海峡能源博弈暗潮涌动》，载《国际瞭望》2005 年第 11 期，第 39 页。

[4] Peter Gwin, "The Strait of Malacca Dark Passage", National Geographic, October 2007, p133—134.

只过往，承载着全世界三分之一的贸易货物和二分之一的原油。在新加坡附近的最狭窄处，海峡宽度仅为 2 千米，过往船只极易遭到袭击。据国际海事局统计，自 2002 年以来，在马六甲海峡及周边海域发生 258 起海盗袭击事件，其中 200 多名水手成为人质，8 人遇害。根据国际海事局海盗报告中心的统计，仅 2004 年，有记录的海盗事件就有 37 起。如果算上马六甲海峡西部的印尼海域和南中国海，这一数字达到了惊人的 169 起。在这些海盗事件中，总共有 30 名船员被杀害，另有 30 人至今下落不明，生死未卜。[1] 在过去中国对国际资源依赖不多的时代，我们几乎不用去考虑马六甲海峡的安全问题。但如今，我们必须要考虑到，如何保障我国这条海上石油运输线的安全，海上运油通道是否安全，又直接影响到中国经济的长期发展。中国石油安全的脆弱性日渐凸现在国人面前，设法参与、维护马六甲海峡的安全，确保海峡的航道畅通，是中国当前必须面对的重要课题。

由此可见，过分依赖中东和非洲地区的石油和单一的海上运输路线使得中国石油进口的脆弱性比较明显。如果遇上特殊情况，正常的石油进口可能无法得到保证，国内的人民生活、经济运行乃至国防都会受到重大影响。鉴于中国未来"全面建设小康社会"发展目标对国际能源提出的巨大需求，以及中国海军严重滞后于中国能源海外依存度扩大的不平衡态势，在可预见的时期内，中国能源安全在国际能源安全体系中将是极其脆弱的，在世界各大国中，中国面临的能源安全将是最缺少保障和最没有底线的。

四、油价波动制约经济发展

从某种意义上讲，油价的波动就像股市一样，是反映国际经济风云变幻的"晴雨表"。市场石油市场的价格是多方博弈和角力的结果，总体来说，

---

[1] 郭力：《马六甲海峡海盗险情再度反弹》，2005 年 7 月 28 日《南方周末》。

受到油品、出口目的地、市场情况，以及炼油结构的影响。[1] 同时，油价在很大程度上也受到未来供给和需求的预期的影响。造成这种心理预期的原因在于，即使是供给水平大于需求，也不一定能满足需求。之所以会产生这种令人困惑的市场现状，本质上在于石油不是一种普通的商品，受到石油质量及其派生物和黄金价格等多种因素相互作用的结果。再加上石油资源储量和产量分布的极不平衡，中东地区占世界石油储量的 60% 以上，而亚太地区的石油储量则不足 3% 的事实。地缘政治上的不均衡分布，使油价陷入恶性循环的怪圈——地缘政治的越不稳定，迫使各方越是哄抬油价。金融投机的炒作就是充分运用这种心理预期，操纵油价进行套利，从而使油价背离供需的基本面。

在 1976~2004 年间，油价一直徘徊在 10~40 美元/桶，2008 年 7 月油价飙升到 147.27 美元/桶，达到历史最高位。油价脱离供需基本而的高涨，国际投机行为有不可推卸的责任。随后，高油价在 2009 年一路下跌到 60 美元/桶左右的价格，油价泡沫崩裂。国际原油价格经历了 2008 年的疯狂飙升和 2009 年的回归探底后，2010 年的油价基本在 60~80 美元/桶之间震荡徘徊。但是 2011 年又是多事之秋。先是被誉为非洲最稳定的阿拉伯国家突尼斯，在 1 月 14 日突发动乱，导致本·阿里，这个统治突尼斯长达 20 多年的总统仓皇出逃。突尼斯事件成为阿拉伯世界骚乱的导火索，动荡迅速蔓延到埃及、利比亚和北非其他主要的石油输出国。中东与非洲国家的局势紧张，不仅引发了全球的股市大跌，而且油价也在恐慌和避险情绪的推波助澜下，于 2011 年 2 月份飙升至 115 美元/桶，再次创下 2008 年以来的新高。不同国家对油价波动起伏的承受力不同，发达国家略高，发展中国家略低。按照亚太经济合作组织的计算方式，油价每上升 10 美元/桶，就会使通货膨胀率上升 0.5%，经济增长率下降 0.25%。[2]

---

[1] Mabro Robert, The International Oil Price regime: Origins, Rationale, and Assessment, In Journal of Oil energy Literature— Oxford Institute for energy Studies, VOL.XI, No.1, June 2005.

[2] Asia-Pacific Economic Cooperation(APEC), APEC Energy Demand and Supply Outlook 2009, November 2009, p134.

尽管油价上涨对经济的影响比较难以量化，但是作为新兴能源密集型经济体，我国所受到的冲击将会比其他国家更大。据估计美国和日本对油价的承受力在 160 美元 / 桶，中国为 98 美元 / 桶，印度为 65 美元 / 桶。[1] 中国的石油进口对外依存度不断升高，在国际石油贸易中又缺乏定价权，油价的高位运行，不仅会增加生产成本，加重经济负担，而且不利于国家经济的持续发展和社会的稳定。

第三节　维护中国能源安全的路径与方略

一、优化能源消费结构

为了缓解我国石油需求增长过快，对外依存度不断升高的压力，调整和优化能源消费结构，提高对新能源、新技术的研发和综合利用，降低对传统能源的过度依赖，成为我国今后能源战略的重点，也是我国改善石油安全现状的必然要求。

转变能源消费结构，降低对传统能源的依赖，提高新能源的利用率已成为一种国际趋势。由于经济衰退和可再生能源开发技术的进步，美国能源部下属的劳伦斯—利弗莫尔国家实验室（即 LLNL）在 2010 年发表报告称，美国的能源消费结构发生变化，煤炭和石油等传统能源消费量下降，风能、太阳能等可再生能源利用率有明显增加。无独有偶，日本经产省向政府提交的能源年度报告——《能源白皮书 2010》中也明确指出，日本应该做好准备，应对油价的高涨，并致力于打造一个"不易受到原油价格变化影响的经济结构"。为此，日本应调整能源消费结构，减少对石油的依赖，提高对太阳能和核电等非化石燃料的利用率。[2]

2010 年作为中国"十二五"的开局之年，在 3 月 14 日第十一届全国

---

[1] 童媛春：《石油真相》，中国经济出版社，2009 年版，第 158 页。
[2] Ministry of Economy, Trade and Industry, Government of Japan, 2010 Annual Report on Energy(Japan's "Energy White Paper 2010"), June, 2010, p8—10.

人大四次会议上通过的《"十二五"规划纲要》中也指出，要"深入贯彻节约资源和保护环境基本国策，节约能源，降低温室气体排放强度，发展循环经济，推广低碳技术，积极应对气候变化，促进经济社会发展与人口资源环境相协调，走可持续发展之路"。"加强现代能源产业和综合运输体系建设。推动能源生产和利用方式变革，构建安全、稳定、经济、清洁的现代能源产业体系。加快新能源开发，推进传统能源清洁高效利用"。将调整和优化能源消费结构。转变传统的能源消费观念，提高对核能、风能、太阳能等可再生能源的利用率，普及清洁煤炭技术，发展循环可持续经济作为我国"十二五"的重要任务和目标，显示出我国在确保能源安全、重视大国承诺的决心和信心。

二、建立多元化的石油供给体系

中国应加快实施"走出去"战略，积极参与国际石油运输、加工等方面的运作，从消极的防御型体系向积极的主动出击型体系转变，并与国内经济结构调整、能源战略及西部大开发战略结合起来。目前，中国在继续扩大中东、非洲、拉美等传统油气来源的同时，应着力开拓中亚、俄罗斯等方向的油气来源，建立海外石油生产供应基地，尽量做到进口来源、方式、品种、渠道多样化，以利分散风险。由于当前海上石油进口通道安全性变差，我国应利用中亚—俄罗斯石油资源的地缘政治优势，中亚和俄罗斯等国已与我国建立了战略合作伙伴关系，加快建立连接中亚和俄罗斯的陆上油气通道，保障进口石油安全。

要确保石油安全，首先要控制资源，要坚定不移地走石油资源多元化的道路，广辟来源，形式多样，以避免石油来源地单一可能带来的风险。并尽可能做到进口品种多样化（原油、成品油、LNG、LPG等）、进口方式多样化（远期合同、期货合同和现货合同）、进口来源多元化，以分散风险，保证石油供应安全。中国安全危机的解决之道就是积极落实"走出去"战略，不仅要走出国门，更要走出过分依赖石油的单一能源结构误区。"走出去"不仅是单纯进口石油，还要到国外办厂，甚至开采、加工，充分利用他国的资源。我国应当效法严重贫油的日本和韩国，大力开展能源外交，发展与世界产油国的友好关系，积极争取从邻近的俄罗斯和中亚产油国通过陆地管道进口石油，继续密切与传统盛产石油的中东国家、非洲国家以及东南亚的印度尼西亚、马来西亚、文莱和拉美的委内瑞拉等国的石油合作，使我国的石油进口渠道多元化，降低和分散风险，从而保障我国石油安全。此外，我国政府还应鼓励国内大型石油企业实施"走出去"战略，参与国际油田开发和并购，从而获得更多更有保障的石油来源。对于中国石油安全而言，扩大石油购买渠道和分散购买风险同等重要，缺一不可。

三、坚持能源企业"走出去"策略

中国石油企业"走出去"战略始于上世纪末，尤其是在 2000 年 10 月举行的中共十五届八中全会通过的《中共中央关于制定国民经济和社会发展第十个五年计划的建议》提出了"实施'走出去'战略，努力在利用国内外两种资源、两个市场方面有新的突破。鼓励能够发挥我国比较优势的对外投资，扩大经济技术合作的领域、途径和方式，支持有竞争力的企业跨国经营，到境外开展加工贸易或资源开发"[1] 的方针以后，"走出去"战略便成为中国能源企业的一项国家级政策，十年来，中国能源企业在"走出去"战略指引下，在亚非拉广大地区开展投资形式，获得了不少成果，包括收购外国能源公司（独资或参股形式），获得海外油气田的开采权，获得海外油田的份额油 [2] 等，取得了客观的效果。当然走出去战略也存在不少困难甚至风险，有时要面临国际能源巨头的优势攻击以及一些政治上

[1]《中共中央关于制定国民经济和社会发展第十个五年计划的建议》，2000 年 10 月 19 日《人民日报》，第 2 版。
[2] 份额油就是按照一家油气企业在特定油田项目上所占份额的多少，对这部分份额的原油掌握支配权，在国际能源价格大幅波动的情况下，份额油可以保证以较低的价格稳定数量的原油。

的波折。但综合来看，"走出去"战略取得的成果为改善中国面临的能源供需紧张局面作出了较大贡献，继续坚持"走出去"战略仍应是中国未来能源安全保障战略的重要组成部分。

四、加强中国大型远洋油运船队及配套设施建设

石油作为一个国家重要的战略物资，必须要有绝对的安全保障。随着我国进口原油规模的扩大，加快我国大型专业原油运输船队建设，提高"国油国运"比例意义重大。

为了保证本国进口石油安全，建立安全的石油运输保障体系，世界主要石油进口国均组建了强大的石油运输船队；但由于船舶投资较大，专用性极强的特性，组建船队还应注意规避风险，船队建设应适应船舶大型化趋势，重点建设超大型的 VLCC 油轮；国轮应成为本国进口原油的主要承担者。然而，目前我国 90% 以上的进口石油需要海上船运，而海上船运的 90% 又是由外轮承担的。加快中国大型远洋油运船队建设，提高进口石油自承运竞争能力势在必行。目前由中国船队承运的进口原油份额不到 10%，主要航运份额中东为 6.8%，非洲几乎为零，这又带来另一个更为严重的问题：我国的石油安全受制于人。由于我国的海上油运业务大多是由海外油轮公司承运，一旦遇到战争、外交或是其他不可抗拒的紧急情况，中国将面临断油、缺油的危险。[1] 有关专家建议，中国应尽快建立一支可承担国家 50% 石油进口量的船队。在大力发展大型远洋油轮运输船队建设的同时，还要加强油运码头的建设。港口是带有一定自然垄断性的稀缺资源，是水路运输和水陆联运的枢纽，今后随着石油大量进口和国家石油战略储备基地的建立，大量石油经船运从海上输入，港口的吞吐能力面临严峻的考验，港口就成为供应渠道是否畅通的关键因素之一。

---

[1] 苏德勤、张永欣、黄磊:《世界油运市场与中国能源安全》，载《世界海运》2005 年第 1 期，第 14 页。

五、积极参与马六甲海峡事务

马六甲海峡作为一个天然的重要的国际航道，其地位是无可取代的。无论是已经在建的中缅石油管道方案还是拟议中的克拉运河方案、克拉地峡管道方案，都不可能完全取代马六甲海峡在我国石油运输中的地位。但这一地区恐怖主义活动频繁，海盗猖獗，过往船只的日常通行安全得不到保障。单凭一国之力难以有效遏制。再者，东南亚海盗猖獗也不仅仅是东盟内部问题，还关系到利用这条国际航道的其他国家的切身利益。完全依靠东盟内部力量（主要是新加坡、印尼、马来西亚三国）来打击海盗，难以达到全面治理的效果。因此，中国应争取加强与东盟国家的协调与合作的策略，共同应对挑战，积极参与马六甲海峡事务，扩大中国在该地区的影响。中国通过与区域内国家及域外国家之间的合作，既可以对海盗形成强有力的威慑，使马六甲海峡的日常通行安全得到有效保障，又可以提升中国在马六甲海峡周围的影响力，并最终实现中国的油气安全。

六、大力加强国防力量的建设，增强国际能源通道的安全

能源安全，说到底是国家能源的对外依存度与国家对国际事务的政治、军事参与和控制能力之间的比例关系。对能源供给短缺国家而言，国家石油安全系数与国家对世界事务的外交和军事参与及控制能力成正比，而与该国能源需求的对外依存度成反比。一国能源对外依存度越大，军事外交参与能力越小，则该国石油安全系数就越低，不安全的风险就越大。因此，一国的能源安全不仅是经济问题，同时它更是一个政治问题，而政治问题的解决多是以军事为后盾的。现代海军是伴随国际贸易而同时出现的，而海军先行又是英美国家扩展国际贸易的基本路线。尽管我国正在积极谋划建设油气进口的陆地管道，然而由于陆地管道运输成本是海运的 15 倍，[1]

---

[1] 尹智博、陈列兢：《加强国家海上石油通道的安全建设》，载《人民日报内部参阅》2003 年第 32 期，第 2 页。

从成本花费高低角度来看，海运仍将是我国主要的油气进口运输方式。因此未来中国在国际能源体系所拥有的相应份额，最终并不以商业谈判技巧而是以海上军事力量的大小为保证。目前中国扩大国际能源市场的步伐较快，而由此产生的维护中国已获取的国际能源利益的军事自卫手段却严重滞后。根据自科索沃战争以来国际形势的变化，没有海军保障的国家海外利益增长，随时都有被海上军事强国强行中断乃至终断的可能。从近代西班牙、荷兰与英国，英国与早期美国，乃至与中国清王朝冲突的经验看，军事，特别是海上军事较量是大国解决国际贸易争端的终极手段。阿富汗战争后，北约力量大幅进入与中国能源进口关系密切的中亚地区，美国在中国东部海上拉起由日本，经台湾地区到南中国海一些国家的意在封锁中国海权扩展的链条日益收紧，这对中国未来的能源进口安全将形成巨大的制约，对此要早作准备，不然我国通过正常的国际经济活动而迅速扩大了的包括能源利益在内的全部经济利益，将会在因准备不足而可能出现的军事失利中迅速丧失。

此外，近年来，中国的海外经济利益经常遭到各种恐怖势力、极端势力、各种非法武装以及海盗的袭扰，带来越来越多的中国公民和企业的生命和财产损失，其中相当大部分是中国能源企业的海外设施和人员，比如中国在非洲苏丹和尼日利亚的石油设施和技术人员，中国在巴基斯坦港口的工程人员等。由于中国缺乏保护海外自身经济利益的"硬手段"，使得中国的海外企业在迅速发展的同时，时常遭到不法之徒的觊觎与侵犯。因此，加快中国军事力量特别是远洋海上力量的建设，将使得中国的海外经济利益以及对中国经济发展具有至关重要利益的特殊地区能够受到保护。

七、积极开展与石油消费大国的战略合作

在经济全球化日益发展的今天，保障国际石油供给安全靠一国的努力难以实现，开展多边合作是最有效的措施。中国再也不能继续保持"旁观

者"的角色，而是一个重要的"参与者"。[1] 而亚洲石油消费国乃至国际形形色色的国家或组织在石油问题上利益相关，有必要通过合作，共同抵御风险。

（一）推动建立亚洲石油市场，确立亚洲石油价格机制

由于亚洲没有统一的石油价格机制，所以包括中国和东南亚、南亚国家在内的亚洲国家和地区饱受"亚洲溢价"[2] 之苦。在 1996 ~ 2003 年的 8 年中，亚洲与美国在进口中东地区的石油价格上的差价已经由每桶 1 美元左右扩大到 2 美元，亚洲国家支付的"溢价"呈现出逐渐增加的趋势。[3] 以每桶平均多支付 1 ~ 2 美元计算，亚洲国家每年在石油上就得多支付 50 ~ 100 亿美元，这使得包括中国和东盟在内的亚洲国家经济增长中的部分收益被不公平地转给了石油出口国。导致亚洲溢价的直接原因是石油定价机制。[4] 从本质上讲，与亚洲国家缺乏石油供应渠道的多元化，对中东石油的过于依赖及基准价格的选取有直接关系。2010 年美国从中东地区进口的石油量仅占其全部进口量的 14.9%，欧洲也不过是 19.55%。反观亚太地区，2010 年全年，中国、日本、印度从中东进口的石油分别占其全年石油进口总量的 40.2%、79.71% 和 72.61%，其他亚太国家也高达 63.6%（见表 4-1）。

更为严重的是，这种"亚洲溢价"现象正在向整个能源领域弥漫，极大地损害了亚洲的经济竞争力，给亚洲经济埋下愈来愈大的隐患。该问题越来越受到亚洲各国政府的重视，2002 年菲律宾在东盟与中日韩三国的共同会议上首次提出了"亚洲溢价"问题，得到与会各国的响应；2003 年 11 月，在泰国曼谷举行了第一届"东盟＋3"石油市场论坛，该次会议广

---

[1] 安尼瓦尔·阿木提、张胜旺：《石油与国家安全》，新疆人民出版社，2003 年版，第 256 页。

[2] 亚洲溢价 (Asian Premium) 是指中东地区的一些石油输出国长期以来对出口到不同地区的相同原油采用不同的计价公式，从而造成包括中、日、韩、印和东盟等国在内的亚洲地区国家，在从中东地区进口石油时要比欧、美国家从中东地区进口石油支付更高的价格，这种不平等的价格损害了亚洲国家的利益。

[3] 张建华：《亚洲地区中东地区原油溢价问题探讨》，载《国际石油经济》2005 年第 1 期，第 45—46 页。

[4] 中东产油国的定价机制是在基准价的基础上略作调整。欧洲的基准价是北海布伦特原油（IPE Brent）的价格，美国的参考价是美国西德克萨斯（WTI）的价格。而给亚洲的基准价，即所谓 1986 年成形的亚洲标准价格公式（Asian Standard Price Formula），是阿曼与迪拜的月平均价。

泛讨论了亚洲溢价问题。会议同意，"东盟＋3"国家需要采取一致和联合的立场，处理亚洲石油市场，包括亚洲溢价和石油安全问题，并推动适当的"东盟＋3"国家与中东石油产油国的对话。通过合作消除"亚洲溢价"，建立亚洲自己的价格机制。

表4-1 2010年亚太、美国、欧洲三大石油消费区对中东依赖程度[1]

	全年石油进口总量（百万吨）	全年原油进口总量（百万吨）	从中东进口石油量（百万吨）	从中东进口石油量占其全年石油进口总量比重（%）
美国	577.1	456.1	86.0	14.90
欧洲	596.8	465.1	116.7	19.55
中国	294.5	234.6	118.4	40.20
日本	225.7	184.8	179.9	79.71
印度	178.5	162.0	129.6	72.61
新加坡	139.9	39.9	45.4	32.45
澳大拉西亚	40.0	29.0	7.1	17.75
其他亚太国家	357.1	225.5	227.1	63.60

注：澳大拉西亚指的是澳大利亚以及新西兰及太平洋的一些岛屿。

在亚洲地区，中国可与东盟及日、韩、印结成战略合作伙伴，通过与石油输出国的平等对话消除石油溢价，并且通过油气领域的合作共同努力尽快推动亚洲石油市场的建立，形成亚洲石油价格机制，获取参与石油及其他能源的定价权，确保以稳定的价格获得能源的安全供应。

（二）共建亚洲能源保障共同体，建立地区共同石油储备体系

目前除日本和韩国外，亚洲其他国家或在筹备或还没有建立其国家石油储备，政府难以在石油供应中断的情况下调控市场。中国的战略石油储备计划已于2005年正式实施，但中国国家石油储备还远未达到目标。印

---

[1] BP, BP Statistical Review of World Energy June 2011, p18—19. 经整理。

度从 2004 年便积极着手建立国家战略石油储备体系，从 2007 年 7 月开始在印度西南部港口城市芒格罗尔以及东部港口城市维沙卡帕特南建设三个战略石油储备基地，总储存能力约 500 万吨，将在 2011~2012 年间储存石油。而在东南亚，该地区唯一的欧佩克成员国印度尼西亚近年来国内原油产量减少，消费量却不断增长，现已变为石油纯进口国。国际能源署（IEA）估计，印尼原油储备是 12 天用量，石油制品储备是 17 天用量。东盟另一大国泰国，没有石油国家储备制度，民间石油公司分别持有 36 天原油、22 天石油制品的储备量。此外，菲律宾既没有国家储备制度，也不对民间提出储备义务，国内三家主要石油公司为维持正常运转，手中握有 20 天原油和石油制品的库存。[1] 由于中东局势不稳及"亚洲溢价"等因素，东南亚、南亚国家也越来越关心原油供应的稳定。[2] 因此，中国与日、韩、印及东盟等亚洲国家一起建立与各自经济水平相适应的石油储备并开展相互间的国际合作是预防紧急事件的关键措施。

据能源问题专家徐小杰分析，未来油气需求主要来自东北亚、东南亚、南亚和欧洲大陆。这是一个环绕着"石油心脏地带"的两个"内需求月形地带"。[3] 中、日、韩、东盟甚至印度都在此"内需求月形地带"内。因此，中国和东南亚、南亚国家以及韩、日一道共建东亚能源安全保障共同体，将石油从一种地区竞争的武器变成一种地区联合的纽带，由多个国家共同承担和分担石油风险，可总体上加强地区的集体抗风险能力，分享集体石油安全利益。[4] 中国与东南亚、南亚在共建石油安全保障共同体和地区石油共同储备体系上利益相关，具有很大合作空间，可通过"10 + 1"、"10 + 3"或"10 + 6"等合作平台展开合作，实现双赢或多方利益共享。

（三）携手共建石油安全通道，保证石油供应安全

对包括东南亚、南亚在内的一些亚洲石油进口国来讲，保证运输线路

---

[1] 钟乃仪：《日本欲领头共建亚洲石油共储体系》，2003 年 4 月 4 日《中国石化报》。
[2] 吴磊：《中国石油安全》，中国社会科学出版社，2003 年版，第 234 页。
[3] 徐小杰：《新世纪的油气地缘政治》，社会科学文献出版社，1998 年版，第 25 页。
[4] 郑羽、庞昌伟：《俄罗斯能源外交与中俄油气合作》，世界知识出版社，2003 年版，第 306 页。

安全畅通有着至关重要的意义。鉴于亚太国家的石油进口对中东地区依赖很大，中东又是一个极不稳定的地区，恐怖主义和民族极端主义猖獗，这对中国、东南亚、南亚国家的石油运输和管道运输造成了极大的困难，因此中国与东南亚、南亚国家在维护石油运输线路和管道方面存在着许多共同利益。彼此之间应加强合作打击恐怖主义，共同改善和维护石油运输线路网络。在运输管道建设上，如中缅油气管道、开凿克拉地峡运河、修建贯穿克拉地峡的输油管道、建造泛亚石油大陆桥、修建从吉大港到昆明、修建从巴基斯坦的瓜达尔港到新疆的输油管道以及从印度的加尔各答经缅甸到昆明的输油管道等项目的构想、可行性研究以及建设，彼此都有很大的合作空间。中缅油气管道项目就是中国与东南亚有关国家双边合作的成功典范。在南亚地区，近年印度正在筹划建设中的从伊朗经巴基斯坦到印度的油气运输管道（简称"IPI 管道"），[1] 印方有人建议将这条管道延伸至中国，这无疑将是中印重要石油合作的路径之一，是一种双赢，甚至是多赢的选择，必将对保障双方石油安全产生积极影响。中印两国同处亚洲，同样经历着经济的高速发展，都是石油进口大国。印度和中国甚至日本等其他亚洲石油进口大国合作，能在一定程度上影响国际油价，防止两败俱伤。与贸易相比，中巴之间的石油合作问题则更为重要。在中国石油安全的"南亚版图"中，巴基斯坦是一枚重要的棋子。来自伊朗和沙特等中东国家的石油和天然气，可以通过巴基斯坦的中转，源源不断地输往中国。从巴基斯坦瓜达尔港通往中国新疆的瓜达尔港工程输油线路正在建设之中，这将成为多赢互利的合作举措。[2]

---

[1] 20 世纪 90 年代初开始，伊朗、印度以及巴基斯坦从各自国家的发展大计和能源安全考虑，筹划修建一条连接 3 国、全长 2775 千米的 IPI 天然气管道。但是，一度紧张的印巴关系以及在实际运作过程中，各方为保障本国利益的最大化，不断进行讨价还价，而美国、俄罗斯等大国也基于不同的战略考虑和目的，对该管道或持反对态度或参与其中。2009 年 5 月 23 日，伊朗和巴基斯坦签署协议来落实将伊朗天然气运到巴基斯坦的工程。伊朗已经铺设了 100 千米长的管道，而巴基斯坦方面也已动工。
[2] 张抗：《南亚—新疆与缅甸—云南油气管线方案的分析》，载《中外能源》2006 年第 11 卷第 2 期，第 1—2 页。

第五章　中国软实力建设与中国海外利益的拓展与维护

　　在当今的国际环境下，我们需要考虑如何切实维护中国的海外利益。而最基础性的海外利益维护架构自然是国际秩序本身。中国正不断地从美国主导的国际政治经济秩序中受益，但中国究竟为这种秩序的建立与维护贡献了什么呢？中国可以凭借什么方式才能更好地融入美国主导的国际秩序中呢？本书认为尽可能运用软实力和世界进行沟通是非常可行与必要的，而且文化价值观、意识形态的趋同将非常有利于中国更好地融入国际秩序，并受益于此。本书所讨论的拓展与维护中国各种海外利益问题的路径与方略，最好、最安全的就是不断增加中国的软实力。具体而言，中国的软实力主要体现在文化外交、多边外交、对外援助政策、国际机制参与及建设等多个方面。

第一节　软实力的内涵及其要素

软实力，自诞生之日起就引起世界范围内的国家、政治团体和学者的广泛关注，有关软实力的话题一度成为人们关注的热点。软实力理论也逐步引入国内并引起学界和媒体的广泛关注。特别是自 2007 年胡锦涛总书记在"十七大"中明确提出"文化软实力"的观点后，极大地推动了中国软实力理论的发展与运用，使软实力研究成为了对内、对外政策以及国家战略问题讨论不可或缺的重要组成部分。而"什么是中国的软实力"、"为什么要建设中国的软实力"以及"如何构建中国的软实力"则是中国语境中最为热门的三大软实力问题。本节将从这三个方面入手分析中国学者对软实力从不同角度的认识和理解，有助于我们深入解读中国学者对软实力概念的理解，以及中国学者是如何看待软实力在中国崛起背景下的战略地位及战略作用，并以此研究、总结中国软实力研究的总体特点及趋势。

一、软实力的构成要素

Soft Power 一词由美国哈佛大学肯尼迪政府学院院长约瑟夫·奈教授在上世纪 90 年代首次提出并使用，约瑟夫·奈本人指出，"我首次提出'软力量'的概念是在《谁与争锋》一书中。该书于 1990 年出版，旨在反驳当时流行一时的美国衰落论……2001 年我在撰写《美国力量的悖论》一书时再次运用了'软力量'理论。书中我提醒应当警惕发生'胜利主义'这种与 1990 年我所告诫的'衰落主义'相对立的错误"。[1] 随后 Soft Power 一词传入中国并被翻译为"软实力"。[2] 纵观约瑟夫·奈本人对软实力研究的成果，其对这一概念的认识和界定大体经历了如下三个时间段的丰富

---

[1]〔美〕约瑟夫·奈著，吴晓辉、钱程译：《软力量：世界政坛成功之道》，东方出版社，2005 年版，第 1—2 页。
[2] 郭洁敏：《当前我国软力量研究中若干难点问题及其思考》，载《社会科学》2009 年第 2 期，第 13 页。

与补充：

第一阶段为概念提出：在 1990 年发表的《美国能够领导世界吗？》一文中指出，"软实力是用以指称相对于国家、民族、边界、领土等硬权力而言的文化、生活方式、意识形态、国民凝聚力和国际机制等，也就是指意图通过吸引力、感召力、同化力来影响、说服别人相信和同意某些行为准则、价值观念和制度安排等，从而获得理想结果的能力"。[1]

第二阶段为概念发展：1999 年，约瑟夫·奈将软实力重新界定为，"是一个国家的文化与意识形态的吸引力，它通过吸引力而非强制力获得理想的结果，它能够让其他人信服地跟随你或让他们遵循你所制定的行为标准或制度，以按照你的设想行事的能力"。[2]

第三阶段为概念的再思考：2004 年，约瑟夫·奈对认识了又进行了简短的概括，认为"软实力是一种能力，它能通过吸引力而非威逼利诱达到目的，这种吸引力来自一国的文化、政治价值观和外交政策"。[3]

我们可以透过约瑟夫·奈不同时期对软实力的不同概括来分析软实力的构成要素：在 1990 年概念提出时期，"软实力"的构成要素体现在五个方面，即文化、生活方式、意识形态、国民凝聚力及国际机制；在 1999 年概念发展时期，"软实力"的构成要素简化为两个层面，即来自国家文化和意识形态两方面的吸引力；在 2004 年概念再思考时期，定义体现出来"软实力"的构成要素来自三个方面，即文化、政治价值观及外交政策等。不难看出，无论是 1990 年的"五要素说"还是 1999 年的"二要素说"亦或是 2004 年的"三要素说"，我们可以看出，软力量是相对于硬力量而言的。硬力量是指包括军事、经济、资源等力量在内的有形力量，而软力量则是指一国的文化、制度和价值观等无形力量。硬力量是一种硬性的命令式的力量，是一种支配力，通过军事打击、威胁、经济制裁等强制力发挥作用，强迫别人做本来不想做的事情。而软力量则是一种软性的同化式

[1] Joseph S. Nye, Jr., Bound to Lead, New York : Basic Books, 1990, p28.
[2] 赵刚、肖欢：《国家软实力——超越经济和军事的第三种力量》，新世界出版社，2010 年版，第 12 页。
[3] ［美］约瑟夫·奈著，吴晓辉、钱程译：《软力量：世界政坛成功之道》，东方出版社，2005 年版，第 25 页。

的力量，是一种吸纳力，通过吸引力使得别人心甘情愿按自己意愿去行事。实际上，软实力"就是精神力量，包括政治力、文化力、外交力、国际力等软要素，约瑟夫·奈把它概括为吸引力、同化力、导向力和仿效力"。[1]

二、中国软实力的构成要素

自上世纪90年代，约瑟夫·奈的"软实力"理论从美国传入中国以来，学界围绕着这一主题的研究方兴未艾，既有理论上的吸收借鉴，同时也有从中国实际出发的推陈出新，总的来说，国内对于这一理论的研究还不深入。"Soft Power"概念诞生后，国内学者围绕着这一词语，长期存在着"软实力"、"软权力"、"软力量"及"软国力"等几种不同译法。

至于中国的软实力的来源或构成要素问题，更是各抒己见。王沪宁指出，影响国家"软权力"势能的因素是工业主义、科学主义、民主主义。[2]倪世雄认为，国家软实力包括三方面的要素即价值标准，尤其是西方的自由、民主和人权市场经济，特别是市场经济体制西方文明、文化和宗教。[3]朱峰认为，软力量的资源在于文化吸引力、意识形态吸引力、制度化的国内体系和竞争性的领导、适当的国际战略以及确立国际机制的能力。[4]姜奇平在信息化条件下认为软力量进一步表现为话语认同，国家间的生存竞争将在很大程度上取决于国民个人的价值认同。阎学通认为软实力的核心是政治实力而并非文化。[5]主要包括国际吸引力、国战略友好关系、国际规则制定权、对社会上层的动员力等六个三级要素。[6]俞新天认为国家软实力的核心是文化，而且主要是作为文化核心内容的价值观，主要包括政府提倡或人民认同的思想、观念、原则，战略和策略以及制

[1] 俞正樑：《国际关系与全球政治——21世纪国际关系学导论》，复旦大学出版社，2007年版，第103页。
[2] 王沪宁：《作为国家实力的文化软权力》，载《复旦学报》1993年第3期，第91—96页。
[3] 倪世雄：《当代西方国际关系理论》，复旦大学出版社，2001年版，第392—394页。
[4] 姜奇平：《软实力的后现代意义认同的力量》，载《信息空间》2004年第8期，第44—51页。
[5] 阎学通：《软实力的核心是政治实力》，载《世纪行》2007年第6期，第42—43页。
[6] 阎学通、徐进：《中美软实力》，载《现代国际关系》2008年第1期，第24—29页。

度等三个方面的构成要素。[1] 北京大学中国软实力研究课题组认为，国家软实力的资源主要包括文化、政治价值观体现为国内政策、制度、外交政策以及国民素质等五个方面的内容。[2] 俞可平指出教育水平、人民的心理和身体状况、技术进步、国家文化的优越性、人力资源及战略、民族凝聚力及团结以及社会经济发展的可持续性都是软实力的组成部分。[3] 龚铁鹰提出，软权力依据其来源可以分为三种维度：制度性权力、认同性权力和同化性权力。"制度性权力是国家倡导和建立各种国际制度安排的能力；认同性权力是主导国家通过使其他国家认同其领导地位而拥有的影响他国的权力；同化性权力是一国的文化价值观、意识形态和社会制度所具有的吸引力。" [4]

一些学者还从国内要素和国外要素两个方面来分析软实力构成要素。郭学堂认为，从国内来看，国家软实力主要来源于先进的政治经济体制和良好的国民素质；从国外来看，国家软实力来源于一国文化和价值观的传播力量。[5] 门洪华把软实力要素分为五种：文化、价值观、发展模式、国际制度和国际形象。其中前三要素构成软实力的"内功"，国际形象构成软实力的"外功"，而国际制度是联结并跨越两者而成为中国展示和建构软实力的主渠道。[6] 赵磊则对中国软实力的理解归纳为三个维度：文化外交、多边外交、对外援助政策。[7]

中国学者在借鉴约瑟夫·奈理论的基础上，结合我国国情，深入地探讨了国家软实力的构成要素，不断拓展了软实力概念的内涵和外延。如何

[1] 俞新天：《软实力建设与中国对外战略》，载《国际问题研究》2008 年第 2 期，第 16 页。
[2] 北京大学中国软实力研究课题组：《软实力在中国的实践二——国家软实力》，人民网、理论频道（http://theory.people.com.cn/GB/166866/166896/10030115.html）
[3] 俞可平等主编：《中国模式与"北京共识"：超越"华盛顿共识"》，社会科学出版社，2006 年版，第 19 页。
[4] 龚铁鹰：《论软权力的维度》，载《世界经济与政治》2007 年第 9 期，第 16—22 页。
[5] 郭学堂：《中国软实力建设中的理论和对策新思考——兼论中国的公共外交》，载《社会科学》2009 年第 2 期，第 20—26 页。
[6] 门洪华：《中国软实力评估报告》（上、下），载《国际观察》2007 年第 2 期，第 15—27 页；2007 年第 3 期，第 37—46 页。
[7] 赵磊：《理解中国软实力三个维度：文化外交、多边外交、对外援助政策》，载《社会科学论坛》2007 年学术评论卷第 5 期，第 150—157 页。

发展和提升中国软实力是目前软实力研究领域最为关注的课题。大部分的专家学者都有这样一个共识,认为中国仍然需要以硬实力发展为第一要务,并在强大的经济、科技和国防力量等硬实力基础上寻求软实力的提升。至于在如何提升软实力的具体路径和方法上,针对软实力建设的制约因素,中国的学者和战略家提出了各种不同的见解。本书在总结归纳上述理论依据以及赵磊的中国软实力三个理解维度基础上,重点从文化外交、多边外交、对外援助政策、国际机制的参与及建设四个方面来分析中国软实力的传播、构建与运用及与拓展与维护中国海外利益的互动关系。

第二节　文化外交与中国海外利益

软实力的竞争已成为国际竞争的重要组成部分。中国在改革开放后逐渐意识到软实力的重要性,加大了软实力建设的力度。近年来,中国政府将软实力建设提升到国家发展战略的层面,特别强调了文化因素在软实力建设中的重要性。为配合中国和平崛起的战略,把软实力最重要的来源——文化的对外传播与交流作为中国发展战略的重要组成部分,最明显的做法就是中国政府近年来大力开展文化外交,并将其放在同政治外交、经济外交、军事外交同等重要的位置。在推动文化外交的同时,积极塑造中国在海外的国际形象,进而更好地维护中国的海外利益。

一、文化外交的内涵

人类生存的精神支柱是文化。一国对外政策必然是在充分考虑本民族和目标国的文化背景基础上形成,并在国际的文化大环境中完成。国际社会中的一举一动都离不开文化,文化是主权国家灵魂的载体。一切国际关系或外交形式都是国际文化关系或文化外交的不同角度或层次的折射、体现。从这种意义上说,在外交的总体格局中,文化外交不仅构成了外交体系的组成部分，而且也是整个外交的核心所在。[1] 正是由于文化的无处不在，一切外交的实质都可以追溯到文化外交，所以文化外交是国家整体外交战略的重要一环。

文化导入外交，古已有之，古希腊和波斯都曾经利用文化作为战争的一个重要手段。罗马帝国更是特别重视文化（包括语言、学术、秩序、繁荣）在对外扩张中的巨大作用。关于文化外交这一概念，中国国内外学者已有很多不同的观点和定义。有学者认为，文化外交不同于一般意义上的对外文化交流关系，它着重突出政府在对外文化关系中所扮演的角色和起到的作用。可以说，文化外交是一国政府所从事的对外文化关系的总和，或者说，是以主权国家为主题、对外行使主权的官方文化关系。"文化外交"是以文化传播、交流和沟通为内容所展开的外交，是主权国家利用文化手段达到特定政治目的或对外战略意图的一种外交活动。[2] 也有学者认为，"文化外交是由一个国家的政府或者经政府授权和委托的非政府组织和民众所展开的，以文化传播、交流、沟通为主题内容，意在达到特定政治目的和对外战略意图的外交活动。"[3] 文化外交的核心是增强本国对他国的吸引力，即获得人心；文化及价值观念的传播既是实现对他国人民吸引力的重要手段，也是文化外交的目的之一。与此同时，了解他国的文化同样也是文化外交的重要内容，这将有助于本国对外政策的制定，使其更具有针对性。文化外交作为交流感情、沟通心灵的最佳手段，通过人们喜闻乐见、易于接受的形式，满足人们精神上的享受，从而达到潜移默化的效果。某项活动是否属于文化外交的范畴，我国前外交部副部长孟晓驷总结了四条标准来衡量：第一，是否具有明确的外交目的；第二，实施主体是否是官方或受其支持与鼓励；第三，是否在特殊时间内针对特殊的对象；第四，是否通过文化表现形式开展的公关活动。[4] 学者李智把文化外交定义为"以

[1] 李智：《文化外交——一种传播学的解读》，北京大学出版社，2005年版，第26页。
[2] 赵可金：《公共外交的理论与实践》，辞书出版社，2008年版，第238页。
[3] 赵可金：《公共外交的理论与实践》，辞书出版社，2008年版，第239页。
[4] 孟晓驷：《锦上添花："文化外交"的使命》，载《人民日报》2005年11月11日。

文化传播、交流与沟通为内容所展开的外交，是主权国家利用文化手段达到特定政治目的或对外战略意图的一种外交活动"。[1] 这个定义既点明了文化外交的实施主体和主要内容，同时也指出了文化外交的意义所在。

二、文化外交的特点

文化外交的特点是平和性。在全球化进程中，文化外交作为各国政府拓展国际利益的软实力手段，已经提升至与政治外交、经济外交、军事外交同等重要的位置。文化外交这种外交活动形式之所以在世界各国的国家战略中拥有如此重要的地位，是因为在当今世界以和平为主题的背景下，文化外交就是以一种平和的、潜移默化的方式——文化的对外传播与交流——得到他国民众的认同和支持，进而达到国家战略目标。这种平和的方式也是与政治外交、经济外交、军事外交不同的地方。这个特点也使得文化外交的方式更容易被目标国接受。

三、文化外交的性质

文化外交的性质取决于国家的政治意识形态和外交决策中的战略取向与策略选择。首先，和其他外交形式一样，文化外交也有正当与否之分。通过文化手段达到国家战略目的的事情在国际政治的较量中是很普遍的事情，但是所运用的外交手段和通过此手段期许达到的目的是否合法合理，就取决于这个国家的国内政治社会发展状况和对外的战略目标以及所采取的外交政策。判断一个文化外交是否正当，就要以国际公认的客观标准来做衡量。其次，文化外交在实施过程中也要把握好"度"。在合理的、让人可以接受的范围内实施的文化外交就会产生好的效果——传播友谊，增进了解，进而加强国家之间的交流与沟通，达到国家预期的战略目标；相反，

---

[1] 李智：《文化外交——一种传播学的解读》，北京大学出版社，2005 年版，第 24 页。

则会导致对方产生对立甚至仇恨的情绪，不仅达不到国家预期的目标，甚至还会导致国家之间关系的破裂。

文化外交的内容与范围十分广泛。作为文化，其最显著常见的表达方式就是文学和艺术，这也自然成为文化外交的核心内容。除此之外，人员交流、教育交流、科技交流、语言教学、广播电视讲座、图书交换、作品展览、信息咨询服务等都是文化外交必不可少的内容。

四、文化外交的具体形式

当今世界，越来越多的国家认为文化外交是本国政府开展外交工作的重要内容，各国也积极地推行文化对外交流，加强本国文化的世界影响力。文化的形式是丰富多彩的，所以决定文化外交的形式也是多种多样的。如果根据中央政府介入文化外交及其对文化控制程度的差别与文化外交追求的目标的不同，可以将文化外交划分为三种形式：[1]

第一种是文化外交的主要形式，由政府直接实行的文化交流项目。这种文化外交形式是配合国家的对外政策而实施的。它从国家外交大局出发，通过设立文化交流项目与政府的外交遥相呼应。这种文化交流项目的内容主要体现在一国与其他国家或地区在人员、知识、技术技能、教育、文化等领域进行交流或者援助等活动。

第二种形式是政府组织的非政府组织的文化项目。国家与国家之间的文化交流多通过资助民间力量设立文化项目。这样，政府不用抛头露面，而是让非政府组织做排头兵，从民众之间的文化交流开始。这种非政府组织包括个人，有较大影响力的高等教育机构，还有就是资金实力雄厚的各种基金会。这些非政府组织的对外文化交流活动从表面上看是正常的国际民间文化交流，其实，他们都是由政府资助的，往往是服务于国家外交政策的。

---

[1] 赵可金：《公共外交的理论与实践》，辞书出版社，2008 年版，第 241 页。

第三种是政府参与国际组织间的文化交流项目。现在各国非常重视参与包括联合国教科文组织、世界银行等国际组织设立的文化交流项目。各国通过为这些文化项目提供巨额会费以及资助某些重要项目等方式，间接地推动本国的文化外交的发展。

五、中国文化外交的途径方式

通常来讲，当前各国政府推行文化外交主要包括以下四个方面的内容：一是参加国际文化组织、召集和参与国际文化会议、签订双边或多边文化协定等外交活动；二是通过文化代表团互访，其中包括艺术表演、文化作品展览、文物展览、举办体育赛事等外交活动；三是教育交流活动，其中包括留学生培养、语言教学、艺术人才交流、学术交流等；四是信息交流活动，包括图书报刊、音像制品、电脑软件、广播电视、互联网等新闻媒体来传播文化的活动。其他部分如青年和体育交流通常也包括在文化项目中。这是双边文化协定以及执行文化交流的议定书或者附属协议里通常的工作定义。[1]

（一）政府层面的文化外交

政府既是文化外交政策的制定者，也是文化外交项目的具体施行者。商谈和签订文化协定、组建和参加国际文化组织、召开和参加国际文化会议，以及各种文化代表团的互访等都离不开政府的直接参与。

1. 国际组织与多边文化外交

（1）联合国教科文组织

中国是教科文组织创始会员国之一。1971年联合国大会恢复中国的合法席位后，同年10月29日，执行局第88届会议上承认中华人民共和国政府代表为中国在该组织的唯一合法代表，恢复了中国在该组织中的合法席位。然而，在中国合法席位恢复后的相当一段时间内，由于当时的历

---

[1]［印］基尚·拉纳著，罗松涛、邱敬译：《双边外交》，北京大学出版社，2005年版，第78页。

史原因，中国的主要工作是出席教科文组织大会和执行局会议，基本上未参与该组织业务活动或开展合作。直至 1978 年十一届三中全会之后，中国才开始比较广泛地参与该组织各业务领域的活动，逐步进入了一个全面合作的新阶段。中国与教科文组织的合作涉及人员培训、教育、科学等方方面面，而文化领域一直是双方合作的重点。中国文化界和政府有关部门一向重视与教科文组织在文化领域内开展多种形式的合作，特别是 20 世纪 80 年代初以来，这一合作稳步发展，取得了丰硕的成果。

（2）区域组织

近年来，中国通过国际区域组织进行文化合作成为文化外交的一个亮点。亚欧会议、上海合作组织、中非合作论坛机制、10＋3 机制都是中国文化外交的重要渠道。譬如 2002 年 4 月 12 日，上海合作组织六个成员国的文化部长在北京会晤，就未来开展文化交流与合作的基本原则、方向和相应的工作机制等方面签署了《上海合作组织成员国文化部长联合声明》。上海合作组织北京文化会议的召开，进一步落实了"互信、互利、平等、协商、尊重多样文明、谋求共同发展"为原则的"上海精神"，有力推动在上海合作组织框架内的双边和多边文化交流与合作。

2. 文化代表团的互访

文化代表团的互访是政府层面文化外交的主要形式，也是双边文化关系重要标志。除了展示本国文化艺术之外，文化代表团负责签订文化合作协定、参加国际文化会议，等等工作。

文化代表团互访曾是社会主义国家之间文化外交的主要方式，也是中国与广大亚非拉国家文化交流的重要内容。文化代表团的访问对于巩固和发展新中国与社会主义国家、亚非拉友好国家的关系起着积极的作用。当前文化代表团出访仍然是中国文化外交重要途径。仅 2000 年出访的政府文化代表团和文化官员代表团 70 起，派出的艺术表演团组 391 起，约 9950 人次。[1]

---

[1] 孙家正主编：《中国文化年鉴（2000）》，新华出版社，2001 年版，第 109 页。

3. 对外艺术展览

中华民族的文化艺术是世界艺术殿堂的瑰宝，对外艺术展览一直是中国对外文化外交的特色之一。新时期，随着国内文化艺术的繁荣发展，对外艺术展览出现了一个生机盎然的崭新局面。不仅对外展览项目剧增，展出作品的艺术水平也有了很大提高。展览有综合性的，也有专业性的；有全国性的，也有地区性或个人作品展；有传统的，也有现代的。对外艺术展览的形式主要有：绘画展、工艺品展和文物展。

4. 友好城市

友好城市是中国地方政府文化外交主要途径。以友好城市交往为主要内容的城市外交是国家总体外交的组成部分，而文化外交是城市外交的重要内容之一。1973年，天津市与日本神户市结成中国第一对国际友好城市。1979年至1990年的12年间，结好城市发展到350对，扩展到许多国家，相互交流也由当初的共叙友情拓展到经济、文化、教育、人才培训等领域；1990年至今，与改革的深化和开放的扩大同步，随着各个城市的经济实力的增强，友好城市工作有了更大的发展。

随着城市之间经济交往的增多，地方政府注重利用文化交流来宣传城市，扩大影响。天津市与日本神户结为友好城市以后，每逢重要的节庆尤其有关中日友好的活动，神户方面都要邀请天津的艺术团体前往演出。天津市经常通过组织文艺团体演出、举办历史文物展、电影周等活动来宣传天津。

5. 文化年、文化节

2003～2005年，中国与法国互办文化年，这是我国首次与外国互办国家级文化年。此后，中国文化年、中国文化节此起彼伏。最近几年，我国陆续在美国、意大利、葡萄牙、日本、西班牙、韩国、瑞士、印度、澳大利亚举办中国文化年、节。早期的文化年主要以表演艺术和视觉艺术、文物展览等为主，现已逐步扩展到影视、出版、文化贸易等领域，并逐步向思想对话、文化论坛、艺术家和智库交流、联合创作、文物保护合作等深层次、新方向深入发展。应该说中国文化年是两国良好关系的体现，是两国卓有成效的文化交流关系的体现，是双方文化机构和艺术家实现共识的体现。近年来，中国在50多个国家举办了不同规模近200多个中国文化节、艺术节。这些中国年、中国节不仅在展现我国形象中发挥了积极的作用，同时也成为世界文明的重要组成部分。

（二）教育文化交流活动

教育文化活动作为文化外交的手段，更加着重于"长远目标"，因为留学生培养和语言文化的学习是一个漫长的过程，但对文化的影响也是最为深远的。

1. 留学生培养

吸引国外学生来华留学一直是中国文化外交的重要形式，也是让世界了解中国，让中国了解世界的一条重要途径。中国政府为吸引国外学生来华留学，提供了坚定、稳定和连续性的政策鼓励以及专项的经费支持。尤其是改革开放以来，随着中国经济社会的全面发展，来华留学工作发展迅速。1978年至2004年，中国共接受了73万来华留学生。特别是近10年来，来华留学工作更是进入了一个新的发展时期。2011年，全年在华学习的外国留学人员总数首次突破29万人，共有来自194个国家和地区的29.26万名各类来华留学人员，分布在全国31个省、自治区、直辖市（不含港澳台）的660所高等院校、科研院所和其他教学机构中学习。来华留学生总人数、生源国家和地区数、我国接收留学生单位数及中国政府奖学金生人数四项均创新中国成立以来新高。[1]

中国的留学生制度为许多国家，特别是广大发展中国家培养了大批科技、教育、外交和管理人才。不少来华留学生学成毕业后，有的成为驻华使节，有的成为所在国的政府要员。还有一大批留华毕业生，在教育、经济、贸易、科技、文化等领域直接从事着和中国的交流与合作；在韩国、日本、

[1] 中国教育部：《2011年全国来华留学生数据统计》，中国教育部（http://www.moe.edu.cn/publicfiles/business/htmlfiles/moe/s5987/201202/131117.html）。

越南、蒙古、泰国、尼泊尔等国，由来华留学生建立的来华留学服务机构和留华毕业生组织已经成为国与国之间开展各项交流与合作的重要桥梁，为推进中国与世界各国的友谊、合作与发展作出了重要贡献。对发展和巩固中国同世界各国政治、外交和经贸关系，开展文化、教育和人员交流作出了积极贡献。

2. 国家汉语战略

输出语言的主要目的是为国家培育一批海外拥护者，并影响他们对当前诸问题的看法。因此，希望别国对其思想更为包容、理解和支持其政策的国家将会做出必要投资，以便利外国人接触本国语言与文化。[1]

拓展语言有多种途径。一是通过向外国留学生讲授该国语言；二是在国外创办语言学校，派遣语言老师出国讲授；三是通过鼓励出口书籍、广播媒体、影像及表演艺术来传授；四是先通过翻译出版物传播思想进而吸引国外读者学习本国语言。

当前，随着"中国热"的不断升温，关注中国并学习汉语的人数越来越多，这为中国实施汉语战略提供了契机。为了推广汉语文化，中国政府在 1987 年成立了"国家对外汉语教学领导小组"，国家对外汉语教学领导小组办公室（简称"国家汉办"）是其日常办事机构，设置在中国教育部内。其宗旨是向世界推广汉语，增进世界各国对中国的了解。

在海外建立"孔子学院"是中国国家汉语战略的重要内容。设立"孔子学院"的主要目的，是为了推广汉语教学，向其他国家的汉语学习者提供优秀的学习资料。2004 年 11 月 21 日，中国第一所海外"孔子学院"在韩国汉城举行挂牌仪式。此后，其他国家纷至沓来，表达承办"孔子学院"的意向。截至 2010 年 10 月，各国已建立 322 所孔子学院和 369 个孔子课堂，共计 691 所，分布在 96 个国家（地区）。[2]

向海外派遣汉语教学志愿者也是国家汉语战略的一项内容。由于目前

---

[1] [美] 傅立民著，刘晓红译：《论实力：治国方略与外交艺术》，清华大学出版社，2004 年版，第 33 页。
[2]《关于孔子学院》，国家汉办（http://www.hanban.edu.cn/confuciousinstitutes/node_10961.htm）。

在全球存在着对汉语的强劲需求，出现了"汉语教师荒"的现象，一些国家希望在汉语教师方面得到中国的帮助。而国内专业汉语教师资源相对有限，起用志愿者计划无疑可以缓解燃眉之急。2004年4月15日，中国正式启动了"国际汉语教师中国志愿者计划"。其宗旨是通过有一定汉语教学水平的中国公民，发扬奉献精神，走出国门，在世界有需要的地方承担汉语教学的任务。

3. 设立国外文化中心

正当孔子学院在世界各地涌现的时候，中国文化中心也活跃在文化外交的舞台。上世纪80年代后期，中国政府根据毛里求斯和贝宁政府的要求，在两个国家的首都分别设立了中国文化中心，并先后于1988年7月和9月对外开放，至今有20多个年头。作为中国文化的窗口，上述两个中心有力地配合了国家的外交工作，通过长流水、不断线的工作，培养了大批驻在国汉语人才和对中国友好的力量，并为日后我国文化中心的发展积累了重要经验。自2000年开始，海外建立中国文化中心工作在党和国家领导人高度重视和积极推动下，被提到十分显著的位置，成为国事访问的重要议题，并取得实质性进展。海外中国文化中心建设快速推进，已进入历史上最好的发展时期，截至目前，正式开放的文化中心已达9个，建设中的有4个，还有7个国家与中国签署了互设文化中心政府文件。[1]

（三）信息交流活动

信息交流活动的是多方面的，包括新闻、出版、无线电广播、电影、电视、音像以及新兴的互联网。随着信息化的发展，信息传播的手段也是层出不穷。

1. 图书报刊

图书作为文化传播可以起到对外宣传的效果。出版外文书籍是国内文化对外传播的重要途径，可以从出版和发行两个方面来着手。新中国的外

---

[1]《中国已正式开放海外文化中心9个》，新华网（http://news.xinhuanet.com/politics/2011-07/07/c_121636654.htm），2011年7月7日。

文书刊编译出版以及对外发行工作，从无到有，从小到大，逐步发展壮大。中国从事外文书刊编译的出版社，1978 年以前只有外文出版社和新世界出版社两家，1979 年以后，先后成立了中国世界语出版社等 10 家单位。中国政府层面的图书捐赠活动也在逐步开展，近年来，先后向巴基斯坦国立现代语言大学、南澳大利亚州政府捐赠图书，为当地的汉语教学和研究提供帮助。1981 年 6 月创刊的《中国日报》是当前中国第一份也是唯一一份全国性英文日报，已经发行到全世界 150 多个国家和地区。1985 年 7 月创刊的《人民日报》(海外版)，主要面向海外华人、华侨、港澳台同胞和中国留学生，在 80 多个国家和地区公开发行。

2. 广播电视电影

中国国际广播电台是中国唯一向世界广播的国家电台。1978 年，国际广播电台从中央广播电台分离出来日益发展壮大，不仅成为中国境内受众最广的传媒之一，也是世界三大国际广播电台之一。每天使用 38 种外语和 5 种方言向世界五大洲广播。全球共设 27 个海外记者站，11 个海外转播站，并与 60 多个国家和地区的广播电视机构建立了节目和信息互换，海外听众超过 2 亿人。

改革开放前，中国电视对外宣传的主要方式是向中国驻外使领馆和少数海外电视机构寄送节目。80 年代开始，特别是进入 90 年代以后，电视对外宣传逐渐从寄送节目转变为播出节目。中央电视台的国际频道和英语频道完成了对全球的电视信号覆盖，节目落地范围达到 119 个国家。[1]

改革开放后，随着中国电影对外传播的蓬勃发展，电影作为反映一个国家民族精神生活的窗口受到文化外交部门的重视。通过在国外举办一系列电影周活动，使之真正成为艺术窗口，并使外国民众能从中领略到我国的历史、社会、艺术和人民生活。

3. 互联网

互联网的迅猛发展对全球政治、经济、文化、科技、教育等各个领域

---

[1] 张桂珍等著：《中国对外传播》，中国传媒大学出版社，2006 年版，第 61 页。

都产生了重大影响。新世纪以来，中国加强了信息技术的更新和改造，充分利用互联网这一现代传媒手段。到2000年，全国建立独立域名的新闻单位已达700多家，驻外使领馆至少有21家开设了网页。[1] 2005年，国务院外文局建立了拥有9种语言、10个文版的中国网，成为国家重点对外宣传的国情网站。国务院新闻办利用网络发布新闻和时事评论反应快、针对性强、方式灵活、互动性强的独特优势，对大型的文化外交活动都设有综合性和专题性的主页；对国际上涉及中国的舆论热点问题进行网络报道取得了显著的效果。

六、中国文化外交的意义

（一）国内意义

对于国内而言，外交是内政的延续，文化外交作为整体外交的一部分也是服务于国家的内政需要，是为了服务于中国改革开放经济建设的大局，为经济建设和国家发展创造一个良好、和平的周边和国际环境：

1. 文化外交在中国外交中发挥着重要支柱的作用，为维护中国国家文化利益乃至整体国家利益作出了贡献。文化外交作为中国外交的重要支柱，密切了中国与世界各国在文化领域的交流与合作，维护了中国国家文化安全，促进了中国国家利益。在经济全球化的背景下，文化外交在中国外交中，已经在发挥其应有的重要支柱作用，这种作用将会越来越突出，为维护国家利益做出更大贡献。

2. 文化外交为中国的整体外交营造了良好的氛围，在发展对外关系中起到了重要的推动和促进作用。在中国领导人与外国领导人的交往中，在发展与大国关系中，文化外交发挥着独特的作用；在发展同周边国家关系中，它起到增信释疑的作用；在中国同广大发展中国家的关系中，"长流水、不断线"的文化外交，对于稳定、巩固和发展与发展中国家的关系起着重

---

[1] 赵启正：《中国网络新闻事业发展现状和趋势》，载《新闻战线》2000年第2期，第11—12页。

要的作用；从广义的外交角度而言，通过民间外交（Civil Diplomacy）或人民外交开展民间文化交流，同尚未与中国建交的国家发展文化关系，可以起到争取人心、以民促官的作用。

3. 文化外交塑造了中国和平发展的国际形象，扩大了中国的国际威信。国际形象和国际威信是一个国家软实力的重要组成部分。"作为国家威望政策的文化外交，其主旨就在于通过文化信息和价值观念的对外投射和相互流通，产生'文化（吸引）力'（Cultural Power），激发他国的认同感（乃至敬畏感），建构起与他国之间积极（友好）的身份认同关系；在获得国际社会的积极肯定和认可中树立起良好的国际形象、确立起应有的国际威望。"[1] 通过开展文化外交，准确客观地"向世界说明中国"——"没有过于华丽的词汇包装的中国"、"真实的中国"，[2] 扩大中国文化在世界的传播与影响，通过各种渠道和媒介向世界积极展示和树立中国和平发展的国际形象，增进国际社会对中国的了解，减少"中国威胁论"的声音，扩大中国的国际威信，增强中国的"软实力"。

（二）国际意义

1. 通过文化外交客观真实地塑造中国的和平发展形象，对世界各国具有积极的示范意义。改革开放多年以来，国际社会高度关注和积极评价中国社会主义现代化建设的成功，国际社会用以表述和概括中国社会发展经验的概念——"北京共识"（或"中国模式"）业已成为国际论坛中的一个热门话题。"北京共识"的首倡者拉莫认为，中国的成就具有世界意义。中国作为世界最大的发展中国家，也是一个崛起中的大国，面对复杂的国际环境，中国负有重要的责任和义务"维护世界和平、促进共同发展"，通过文化外交可以更好地倡导和拥护和平发展的世界潮流，更容易消泯世界各国对于中国崛起的猜疑，有助于世界各国的理解与信任。这本身就具有维护世界和平的重大意义。

[1] 李智：《论文化外交对国家国际威望树立的作用》，载《学术探索》2004 年第 10 期，第 93 页。
[2] 中国外文局对外传播研究中心：《向世界说明中国——赵启正演说谈话录》，新世界出版社，2005 年版；中国外文局对外传播研究中心：《向世界说明中国——赵启正的沟通艺术》，新世界出版社，2006 年版。

2. 中国文化外交促进全球各文化和文明的对话，有利于促进多样性的世界文化的形成。中国通过积极的文化外交，在联合国教科文组织、"亚欧会议——文化和文明会议"等许多重要国际文化机制和论坛上大力推动文化与文明对话和倡导文化多样性理念，谋求和扩大国际共识，倡导多样性文化交汇融合，取长补短，共同繁荣发展，为促进《文化多样性宣言》《亚欧会议文化与文明对话宣言》和《保护和促进文化表现形式多样性国际公约》等文化领域的重要国际共识的形成作出了贡献。近年来中国在多边文化外交的积极表现充分证明，中国文化外交正在为促进世界文化多样性和多样性的世界文化的形成做出应有的贡献。

3. 中国文化外交服务于与世界各国协力构建一个"持久和平、共同繁荣的和谐世界"的愿景。传播和弘扬"和为贵"、"和而不同"、"和平发展"和"和谐世界"等和平文化理念的中国文化外交，最终服务于这一愿景，努力开展具有中国文化特色的文化外交具有造福人类的重要意义。充分利用中国文化价值观的一些普世性内核开展文化外交，具有世界意义。

第三节　多边外交与中国海外利益

中国的综合国力在过去的三十年里明显跃升，海外利益急剧扩展。作为具有全球影响力的地区大国，中国已初步具备世界大国气象。大多数的亚洲重大事务与越来越多的全球重大事务需要中国的参与与表态。在这样的背景下，中国在对外事务上如何因应，外交行为如何改进，如何运用多边外交这一重要外交运作方式切实保护国家利益，尤其是中国海外利益是中国外交决策者、执行者与研究者共同关心的重大问题。

一、多边外交的概念

多边外交是外交的一种形式。不同学者对多边外交作了不同的界定。

李宝俊认为，"多边外交是指数个行为主体通过建立的国际组织、缔结的国际条约、举行的国际会议等所开展的各个领域的国际合作。"[1] 郭树勇认为，"多边外交是指外交取向的多元化，即同时与多个国家发展双边关系。"金鑫认为，"多边外交是指三个或三个以上的国际关系行为主体（包括国家行为体和非国家行为体）通过建立的国际组织、缔结的国际条约、举行的国际会议等所开展的各个领域的国际合作和协调。"[2] 约翰·鲁杰认为"多边主义是基于普遍的行为原则来协调三个或三个以上国家间关系的制度形式"[3]。

多边外交的主体。传统的外交概念强调外交的主体是国家。"但在当今国界日益模糊、全球问题不断加深的背景下，外交内容的多样化和外交行为体的多元化正在深刻地挑战着传统的外交概念。外交涉及的领域不再限于狭义的政治和军事，而是更多地侧重于经济、人权、环境和文化等方面；而且国际舞台上活跃的行为体也不再是唯一的主权国家。国际组织、非政府组织、跨国公司与国家进行着交叉互动，都对国际事务和对外交往起着重大的作用，它们已经成为不可忽视的国际行为体。"[4] 现存的多边外交的主体主要有：主权国家、政府间国际组织、政党、跨国公司、非政府组织、民族主义、恐怖主义等。

多边外交可以以组织、会议、条约、宣言、声明的形式存在。"多边外交的表现形式有多边同盟关系、国际组织、国际制度、多国首脑会议等。"[5] 詹姆斯·马尔登在《冷战后世界的多边外交》一文中认为，多边外交的舞台主要包括公共国际组织、国际非政府组织、国际会议和首脑峰会等。[6] 多边主义可能是经由正式的政府间的管道而架构的，也可能经由非

---

[1] 李宝俊：《当代中国外交概论》，中国人民大学出版社，1999 年版，第 232 页。

[2] 金鑫：《关于开拓新世纪我国多边外交工作的几点思考》，载《世界经济与政治》2001 年第 10 期，第 36 页。

[3][美] 约翰·鲁杰主编，苏长和等译：《多边主义》，浙江人民出版社，2003 年版，第 169 页。

[4] 肖佳灵、唐贤兴主编：《大国外交——理论·决策·挑战》（上），时事出版社，2003 年版，第 668—669 页。

[5] 钱文荣：《关于多边主义、多边外交的几点理论和政策思考》，载《世界经济与政治》2001 年第 10 期，第 15 页。

[6] James P. Mudoon jr.: Multilateral Diplomacy and the United Nations Today. Westview Press 1999, p202—209.

正式、非政府间的管道而成立的。国际机制既包括正式的国际机构和组织，也包括国际间的某些重要协议和条约，乃至泛指某些长久通用的国际规则和惯例。它们的性质、功能、特点及影响都各不相同。多边外交涵盖非常广，从联合国的，到区域的、次区域的、区域间的，都属于这个范围。

二、中国参与多边外交的必要性

无论是从以前中国参与多边外交的实践来看，还是从已有的研究结果来考察，参与多边外交已成为中国无法拒绝的现实选择。在新世纪，我们要实现和平崛起的国家战略目标，在极为复杂的国际环境下，必然要求我们顺应世界潮流，为我国的改革开放创造一个和平与稳定的国际环境；减少美对我的战略压力，拓展我国的活动空间；维护和增进我国国家利益；确立我负责任建设性大国的身份和形象。而这一切的实现，都要仰赖多边外交这一手段所提供的支持。

（一）参与多边外交是顺应世界潮流和改革开放的需要

当前，经济全球化速度加快，区域一体化迅猛发展，世界各国的相互依存加强，相互交往日益增多。在这种情况下，一方面，由于一国对外行动的涉及面日趋宽泛，使其在制定外交政策和采取外交行动时，必须采取更为开放的态度；另一方面，各国不同利益相互碰撞的概率加大，国际社会的矛盾和冲突时有发生，给国际关系带来许多不确定因素。这就需要全球性的宏观政策和管理，需要建立新的国际规范、国际制度与机制，这些都使得多边外交有了更广阔的活动空间。自冷战结束以来，国际上多边外交呈现空前活跃的态势，而且形式与内容日趋丰富和多样化，形成了以联合国为中心，各种区域或次区域组织迅速发展的庞大组织网。仅有双边外交已无法满足国际形势发展的需要，背靠国际制度和国际组织开展多边外交已经成为任何国家外交不可拒绝的现实选择。[1] 中国要发展、图强大，

---

[1] 郑启荣、孙洁琬：《论世纪之交的中国多边外交》，载《当代中国史研究》，2001 年第 6 期，第 58 页。

自然不能自绝于国际社会之外，参与多边外交则必然成为我们的现实选择。

胡锦涛同志提出了今后一个时期中国外交的根本任务和基本目标：维护我国发展的重要战略机遇期，争取和平稳定的国际环境、睦邻友好的周边环境、平等互利的合作环境和客观友善的舆论环境，为全面建设小康社会服务。多边外交较好地适应了这一要求。

（二）参与多边外交是更有效地维护国家利益的必然要求

国家利益是一国外交政策制定的基石和出发点，也是检验一国外交成败得失的根本标准。只有对国家当前的国家利益和今后的国家利益有一清醒认识，才能制定正确的外交政策和对外战略，才能以整体协调、主动、长远的姿态来发展对外关系。[1] 面对当前全球化趋势的加快、国家对外联系增多、国际规范与机制的强化趋向必然会对国家的主权形成巨大的冲击的现实，中国在国家实力和国际影响力均有限的条件下，应尽可能地通过多边外交活动，调整同其他大国间的关系，减弱我国所受到的战略压力，利用多边合作机制，缓解由于不可避免的政治、经济和安全等方面的某种程度的主权让渡而带来的消极作用。中国在多边外交活动中，不仅充当国际多边论坛的旁听者，更要成为具有举足轻重作用的论坛发言人，在国际规范和国际制度的制定与修订过程中发挥更具建设性的影响力。[2]

（三）参与多边外交是实现国家利益最大化的需要

中国现在最大的问题是发展问题。我国为促进经济发展，既参与了区域性的国际合作，也参与了全球性的安排。一国要获得尽可能多的经济利益，它就不应游离于多边体系之外。

正是各国对国家利益最大化的追求导致了成员国身份的多元化：一方面表现为成员国同时是多边贸易体系与区域经济集团的成员；另一方面表现为一国同时是多个区域集团的成员，这在一定程度上反映了区域集团的"开放性"。作为我国一方面要尽快融入多边贸易体系（WTO）中；另一方

---

[1] 倪世雄、王义桅主编：《中美国家利益比较》，时事出版社，2004 年版，第 3 页。

[2] 郑启荣、孙洁琬：《论世纪之交的中国多边外交》，载《当代中国史研究》，2001 年第 6 期，第 58 页。

面要积极参加区域经济集团及次区域经济合作，以在激烈的国际竞争中、在全球范围内获得尽可能多的国家利益。[1]

（四）实行多边外交是中国建立负责任建设性大国形象和身份的必然要求

中国在实行改革开放、融入国际社会的过程中，虽然一再表明，中国坚持独立自主的和平外交政策，决不搞霸权主义和强权政治，中国是以合作、建设性的态度参与国际体系的运行的。但是，中国毕竟是一个快速崛起的发展中国家和社会主义国家，同时又拥有联合国安理会常任理事国的席位和核武器。中国综合国力得到了大幅度的提高以及在国际事务中发挥着越来越大的影响力已是无可争辩的事实。国际社会日益众多的关注，各种利益的摩擦和所谓的"中国威胁论"正在逐渐增强和显而易见。[2]面对新的安全困境，传统双边外交不足以承担增信释疑的重任。中国需要在更大范围、更有影响力的外交领域，发出更强有力的声音和进行更坚定的行动来协商对话，化解分歧，增信释疑。在全球化趋势下，相对双边外交而言，多边外交领域由于其更广泛的活动空间和更多参与的行为体，因此可以成为一个更有利于中国向国际社会进一步阐明自己的对外方针和处理国际关系原则立场的领域。借助于这一渠道，中国可以用自己的实际行动向世界表明，崛起的中国只会对世界和平与稳定，特别是亚太地区的和平与稳定产生更积极、更具建设性的作用，也可加深中国与各国的信任度，消除或缓解其他国家和人们的疑虑，驳斥敌视中国的攻击，减少和缓解中国富民强国之路上的外在阻力。中国还可以通过开展多边外交，明确在国际体系中的自我定位，强化全球意识，进一步树立起中国是一个建设性和负责任的大国形象。[3]

---

[1] 尹应凯：《国际经贸中多边主义与地区主义共生现象》，载《对外经贸实务》2001年第3期，第25页。

[2] 王逸舟：《面向21世纪的中国外交：三种需求的寻求与平衡》，见杨福昌主编：《跨世纪的中国外交》，世界知识出版社，2000年版，第301页。

[3] 郑启荣、孙洁琬：《论世纪之交的中国多边外交》，载《当代中国史研究》，2001年第6期，第59页。

三、中国多边外交的主要内容

中国在实践中逐步确定了以全球最重要的国际组织——联合国为依托、以参与和建设区域性多边合作机制为重点的多边外交政策。中国多边外交，正以更丰富的形式向更多的领域不断展开，多边外交成果令人瞩目。

（一）以联合国为平台，广泛参与全球事务

面对冷战后的国际形势以及联合国的发展，中国更加重视联合国作用，注重同其他国家在联合国内的协调，将联合国作为中国推行多边和平外交的重要舞台。其中值得特别一提的是中国积极推动联合国的改革和积极参与联合国的维和行动。

1. 推动联合国的改革

联合国改革的问题由来已久。自 1945 年起，联合国改革就开始被提上议程。但是由于冷战期间美苏两极的争霸，联合国改革始终无法真正开展。直到冷战结束，两极争霸格局瓦解，全面改革联合国的进程从此开启。在联合国改革的问题上，中国作为联合国安理会五大常任理事国之一，一直保持着积极的态度，明确地表达支持联合国改革的原则和立场。为了更全面深刻地阐述中国对联合国改革的观点与立场，中国政府于 2006 年 6 月正式发布《中国关于联合国改革问题的立场文件》。在文件中中国政府表示，联合国在国际事务中的作用是不可或缺的，应该继续成为维护和平的使者、推动发展的先驱。通过改革来加强联合国的作用，符合全人类的共同利益。同时提出："改革应有利于推动多边主义，提高联合国的权威和效率，以及应对新威胁和挑战的能力；改革应维护《联合国宪章》的宗旨和原则，特别是主权平等、不干涉内政、和平解决争端、加强国际合作等；改革是全方位、多领域的，在安全和发展两方面均应有所建树，特别是扭转联合国工作'重安全、轻发展'的趋势，加大在发展领域的投入，推动落实千年发展目标；改革应最大限度地满足所有会员国，尤其是广大发展中国家的要求和关切。应发扬民主，充分协商，努力寻求最广泛一致；改革应先易后难、循序渐进，有助于维护和增进联合国会员国的团结。"[1] 此外，中国政府还特别在文件中强调，联合国改革应该有利于推动多边主义，最大限度地满足所有会员国尤其是广大发展中国家的要求和关切。

中国政府通过各种形式表达对联合国改革的支持与立场，为联合国的改革提供了积极的建议，维护了联合国的权威，维护了国际社会的安定团结，赢得了国际社会的一致好评。以这些立场为基本原则，中国积极地投身到联合国改革的各项具体工作中，为实现联合国更好地在国际事务中发挥作用不遗余力。

2. 积极参与联合国的维和行动

联合国成立于第二次世界大战之后，其首要职责是维护世界和平，核心理念是集体安全。维和行动是联合国经过一系列危机，在实践中逐步发展起来的维护和平的集体行动。

作为联合国安理会常任理事国，中国认真履行大国责任和义务，一贯支持并积极参加联合国维和行动。1990年4月，中国军队首次参加联合国维和行动，向中东停战监督组织派遣5名军事观察员。截至目前，已先后参加了联合国20项维和行动，累计派出维和官兵1.8万余人次。先后有3名军事观察员和6名士兵在执行维和任务中牺牲。目前，中国共有1958名官兵在联合国10个任务区和维和部队执行任务。[2]20多年来，中国本着对国际社会高度负责的精神，把参与国际维和行动视作维护世界和平，履行一个负责任世界大国应尽国际义务的重要途径。目前，中国是安理会5个常任理事国中派兵最多的国家，是缴纳联合国维和摊款最多的发展中国家。将来中国也将一如既往地积极参加联合国维和行动，为维护世界和平与发展做出应有贡献。

---

[1]《中国关于联合国改革问题的立场文件》，新华网（http://news.xinhuanet.com/world/2005-06/07/content_3056686.htm），2005年6月7日。

[2]《解放军总长：中国将积极参加联合国维和行动》，中国新闻网（http://www.chinanews.com/gn/2011/04-01/2946959.shtml），2011年4月1日。

3. 积极参与联合国其他领域的多边事务

中国还积极参与了联合国发展、裁军、人权等领域的多边外交活动，并与其相关专门机构建立了良好的合作关系。通过与联合国全方位的合作，中国的联合国外交得到全面扩展，参与世界事务的程度不断加深，中国的大国形象得以充分展现。中国还与联合国其他专门机构，如世界卫生组织、世界气象组织、国际海事组织、妇女地位委员会、联合国儿童基金会、国际劳工委员会、联合国难民事务高级专员公署、联合国发展规划委员会、和平利用外层空间委员会等建立了广泛深入的合作。

（二）积极推动区域组织及机制的建立与发展，深入开展区域性多边外交

对于中国而言，周边地区一直都是其开展多边外交的重心，积极推动地区性组织的建立和发展是中国后冷战时期的多边外交的主要任务。通过多边外交，不仅促进了地区的稳定繁荣、加快了区域合作的进程，更加有利于中国与周边国家双边关系的改善与发展。

1. 倡导建立上海合作组织

上海合作组织是第一个在中国境内宣布成立、第一个以中国城市命名的国际组织。成员国总面积3000多万平方千米，约占欧亚大陆的五分之三；人口约14.9亿，约占世界人口的四分之一。它的成立给地区带来了新的安全模式，形成了以相关国家共同安全、共同发展和相互信赖为基础的新型安全观，主张彻底摒弃冷战思维，不追求军事优势，国家间不使用武力或以武力相威胁，不谋求建立军事同盟和相同的政治制度，采取平等磋商的方式，妥善解决相互间的矛盾和分歧。

在此基础上，各成员国通过定期召开会议，进行平等、和平的对话，使上海合作组织不断发展、完善和进步。在上海合作组织成立当天，各成员国签署了《打击恐怖主义、分裂主义和极端主义上海公约》，"9·11恐怖事件"后，上海合作组织各成员国加强了以打击恐怖主义、分裂主义和极端主义这"三股势力"为中心的反恐合作。2002年6月，上海合作组

织成员国在圣彼得堡举行第二次峰会，六国元首签署了《上海合作组织宪章》。宪章对上海合作组织的宗旨原则、组织结构、运作形式、合作方向以及对外交往等原则作了明确阐述，标志着该组织从国际法意义上得以真正建立。

作为"上海五国"机制和上海合作组织的创始国，中国始终奉行"以邻为善、以邻为伴"的外交方针和"睦邻、安邻、富邻"的外交政策，坚持"互信、互利、平等、协商，尊重多样文明，谋求共同发展"为基本内容的"上海精神"，与上海合作组织的各成员国之间保持着友好的交往和密切的合作。

2. 积极参与东盟对话

中国一向重视发展与东盟之间的关系，始终将东盟国家视为"好邻居、好朋友、好伙伴"。长期以来，中国一直与东盟及其成员国之间保持着深入而友好的发展。特别是冷战结束后，在新的历史背景下，中国与东盟在政治、经济、安全等各领域的多边合作实现了全面拓展。

第一，在中国—东盟双边关系方面，1996 年 7 月，中国成为东盟国家"全面对话伙伴"国；1997 年，中国与东盟领导人举行首次会晤，确定双方建立面向 21 世纪的睦邻互信伙伴关系，并由此而确定了"10 + 1"合作机制；2002 年 11 月 4 日，中国和东盟领导人签署了《中国东盟全面经济合作框架协议》，标志着中国—东盟建立自由贸易区的进程正式启动；2003 年 10 月中国正式加入《东南亚友好合作条约》，成为东南亚地区以外第一个加入该条约的大国，并与东盟签署了宣布建立"面向和平与繁荣的战略伙伴关系"的联合宣言。为加强中国—东盟未来合作打下了坚实的基础。

第二，在中国—东盟自由贸易区的建设方面。中国—东盟自由贸易区（China-ASEAN Free Trade Area，简称 CAFTA）历经十年酝酿在中国与东盟双方的努力下，于 2010 年 1 月 1 日正式建成。CAFTA 的建成，不仅意味着仅次于欧盟与北美自由贸易区的全球第三大自由贸易区的诞生，也意味着中国与东盟双方超过 90% 的商品将享受零关税待遇，中国 13 亿多人口与东盟地区的近 6 亿人口因此被联系在同一个市场中，这对世界经济尤其是东亚经济产生了深远影响。CAFTA 的建立对中国和东盟将产生双赢的结果，能产生正的贸易创造效应，拉动中国和东盟的出口总量分别增长 2.73% 和 0.95%，社会福利分别增长 17.87 亿美元和 29.86 亿美元。[1] 自 2002 年开展建设以来，中国—东盟自由贸易区双边贸易发展迅猛，进出口总额一直保持高幅增长。2004 年，中国与东盟双边贸易额达到 1059 亿美元，提前一年实现了 1000 亿美元的目标。2007 年双边贸易额达到 2026 亿美元，提前三年实现 2000 亿美元的目标。尽管受到国际金融危机的影响，2008 年，中国与东盟双边贸易额仍达到 2311.2 亿美元，2010 年达到 2927.76 亿美元，比上一年增长 37.5%，东盟成为中国继欧盟、美国、日本之后的第四大贸易伙伴。[2] 由此可见，CAFTA 的如期建立是中国与东盟在经济交往中的一个里程碑，迈开了双方开展更深层次区域合作、增进区域共同利益的关键一步。

第三，在解决领土和海洋争议方面，在中国与东南亚有关国家共同努力下，也取得了重要进展：中国与越南两国签署了陆地边界条约，解决了北部湾划界问题；与东盟签署《南海各方行为宣言》，显出双方愿致力于南海地区和平与稳定，以和平方式处理本地区争议的愿望。

第四，在次区域经济合作方面，中国与东南亚国家也取得许多成果。大湄公河次区域合作始于 1992 年，在亚洲开发银行的协助下，中、越、老、缅、泰、柬 6 个国家制定了次区域合作的战略框架，提出了区域经济走廊、交通基础设施、能源、电信网络联通、旅游、农业、环保、人力资源开发等八大优先合作领域。20 年来，大湄公河次区域合作引起了国际社会的广泛关注，相关国家和国际组织开展了广泛合作，取得了不少有益的成果，有力地推动了该地区经济社会的发展，并成为亚洲区域经济合作机制及南南合作的一个成功范例。

---

[1] 姜文仙、许娇丽：《中国—东盟自由贸易区的经济效应分析》，载《东南亚南亚研究》2010 年第 1 期，第 54 页。
[2]《2010 年 1—12 月我对亚洲国家（地区）贸易统计》，中华人民共和国商务部亚洲司（http://yzs.mofcom.gov.cn/aarticle/g/date/n/201101/20110107385479.html），2011 年 1 月。

第五，在安全方面，借助东盟地区论坛（ASEAN Regional Forum，ARF），中国与东盟各国开展了广泛的交流与合作。自 1994 年加入东盟地区论坛以来，中国积极参与各项在论坛框架下开展的地区多边安全合作，并取得了丰硕的成果。特别是进入 21 世纪后，中国与东盟的安全合作更为密切，中国不仅加入《东南亚无核区条约》，还于 2002 年与东盟共同发表了《关于非传统安全领域合作联合宣言》。

3. 推动朝鲜核问题六方会谈顺利进行

朝鲜核问题是一个牵动世界的大问题，对于东北亚安全形势、朝美关系、中朝关系、中美关系都有着重要影响，是我们有必要积极研究、妥善应对的。为解决朝核危机，中国主导建立了"朝核六方会谈"机制。会谈于 2003 年 8 月 27 日开始，到目前为止，共举行过六轮会谈。

作为朝鲜的近邻，中国为维护半岛的和平与稳定作出了不懈的努力。朝核问题成因复杂，由来已久。中国始终担当着解决危机的促成方和斡旋方。在过去的几年中，中国一直进行着积极的外交斡旋，以实现通过对话和平解决朝核问题的目标。中国在 2003 年 4 月促成美中朝三方会谈，同年 8 月促成韩、俄、日加入六方会谈。当时美国发动了伊拉克战争，美国国内用军事方式解决朝核问题的呼声甚嚣尘上，朝美剑拔弩张，战争危机一触即发，三方会谈和第一轮六方会谈在维护半岛和平方面起到了关键的意义。在中国推动下的第二和第三轮北京会谈中取得了一些共识，为第四轮六方会谈提供了基础。在第四轮会谈中围绕向朝鲜提供轻水反应堆等问题，美朝曾出现严重分歧，一度陷入僵局，但在以东道主中国为代表的各方斡旋后终取得进展。2005 年开始的美朝金融制裁问题，使得六方会谈陷入僵局近一年，并最终导致朝鲜在 2006 年 10 月进行了地下核试验。朝鲜半岛及东北亚地区的安全稳定受到严重威胁。这时，又是中国出面强力斡旋调解，发挥了"临门一脚"的关键作用，才使朝鲜重返谈判桌，使实现朝鲜半岛无核化的进程向前又迈出了重要一步。

从朝鲜核问题六方会谈中还可以看出，如今的中国，正在以更加积极的姿态参与到国际多边事务中，已经由多边合作机制的参与者逐步成长为多边合作机制的创立者。

此外，中国还积极参加跨地域的南北对话和洲际合作。近年来，中国积极参加八国集团及与"金砖五国"展开的对话，围绕全球经济、气候变化以及国际合作等重大问题展开讨论，对促进南北对话、推动多边主义解决全球问题意义重大。同时，中国积极参加洲际对话，如亚欧会议就是由东盟成员国、东亚地区三国即中国、日本、韩国和欧盟成员国的政府首脑共同举行的大型洲际会议，亚欧会议对促进亚洲和欧洲的合作与交流发挥了重要作用。

四、中国多边外交的主要特点

（一）坚持独立自主的外交原则

从冷战后中国参与多边外交的实践来看，强烈的主权意识始终贯穿于中国开展的多边外交活动之中，独立自主原则是中国多边外交始终不变的立足点，是冷战后中国开展多边外交活动的最鲜明特点。中国在外交中强调主权意识，坚持独立自主的外交原则，在任何形势下都不会过时，它更成为中国在冷战后越来越频繁地参与多边外交活动的重要思想保证。没有独立自主的外交方针，就不能成为国际舞台上一支独立的政治力量，更不能发挥自己独特的影响力。中国的多边外交只有立足于维护主权、独立自主的基础之上，才能发挥更大的作用。

（二）以不结盟与合作为基本理念

邓小平曾指出："中国的对外政策是独立自主的，是真正的不结盟。中国同任何国家没有结盟关系，完全采取独立自主的政策，中国不打美国牌，也不打苏联牌，中国也决不允许别人打中国牌。"[1] 在与世界各国的多边交往中，中国政府提出要根据世界的发展趋势和自身的利益要求来处理

---

[1] 中共中央文献编辑委员会：《邓小平文选》（第三卷），人民出版社，1993 年版，第 57 页。

与不同类型国家的关系，不再以意识形态划线，也不再重复划分敌我友，团结一部分国家打击某个或某些国家，而是以不结盟与合作为基本理念。这也是冷战后中国多边外交的重要特点之一。全球化趋势要求中国多边外交的领域进一步深化与扩大化，对中国多边外交提出了新问题和新任务。在不结盟的前提下，中国通过多边外交广泛开展与国际社会的合作，同世界上大多数国家保持与发展友好关系，不仅为中国的发展创造了和平稳定的外部环境，还对地区甚至整个国际社会的和平发展产生了积极的影响。不结盟与合作的基本理念是中国推行多边外交的重要保证。

（三）多边外交所涉及的领域广泛

改革开放前，中国的多边外交活动主要集中在政治领域。80 年代以来的中国多边外交取得了历史性突破。中国在加强同联合国的关系的同时，与全球性国际组织如 WTO 和地区性组织和会议如欧盟、东盟、APEC 等加强了联系，对第三世界的一些组织如不结盟运动、非盟、阿盟给予了积极的支持，还加入了一系列国际多边条约机制。中国多边外交的内容涉及政治、安全、军事、经济、文化、社会等各个领域。在政治领域，中国不仅以联合国为平台，全面参与全球事务，还始终致力于推动地区组织的建立与发展，区域性多边外交得以深入开展；在经济领域，中国不仅加强与世界银行、世界贸易组织、国际货币基金组织等国际经济组织之间的合作，还日益广泛地参与到亚太经济合作组织（简称 APEC）这样的地区性经济组织的多边活动中；在安全领域，中国支持在平等参与、协商一致、求同存异、循序渐进的基础上开展多形式、多层次、多渠道的地区安全对话与合作，先后参加了东盟地区论坛、"上海五国"（上海合作组织）、朝鲜六方会谈、亚洲相互协作与建立信任措施会议、亚太安全合作理事会、东北亚合作对话会等多边安全对话合作进程；在全球问题解决方面，中国参与了联合国组织的旨在讨论全球范围内的环境、难民、跨国犯罪、恐怖主义、人权、反腐败等重大国际问题的各种会议；在文化领域，中国积极参与社会文化领域的国际多边机制，利用国际机制保护中国文化，吸收外来文化，展开文化交流与合作，增进沟通，谋求共同发展。

（四）多边外交形式多样

从参与的主体来看，中国的多边外交包括了多边首脑外交、多边政党外交、多边民间外交、多边军事外交等等。

1. 多边首脑外交

多边首脑外交是冷战后中国多边外交的最主要形式。首脑外交的行为主体当然是首脑，即个人。但是这里的个人并不是普通的个人，而是国家的最高领导人。在对外交往中，国家的最高领导人往往代表的就是国家本身，代表的是国家的利益，是推动国家间关系发展的重要纽带。过去中国还不善于利用多边聚会的场合加强首脑之间的交往，这种情况近年来已有所改变。自上世纪 90 年代以来，中国的首脑外交空前活跃，国家主席、总理频频出现在多边舞台，展现了大国的风采。"我国全方位多边首脑外交主要表现为：开展区域性多边首脑外交与参与全球性多边首脑外交并重；重视与发展中国家的多边首脑外交的同时，也非常重视与发达国家的多边首脑外交。"[1] 自上世纪 90 年代以来，中国多边首脑外交的主要特征：（1）多边首脑外交活动频繁化；（2）多边首脑外交的规范化，即时间频率规范化和领导人分工规范化；（3）多边首脑外交活动内容多样化；（4）多边首脑外交的包容性。多边首脑外交是双边首脑外交的发展，是双边首脑外交的多项组合。中国的多边首脑外交往往包含着大量的双边首脑外交活动，这表明中国在国际社会地位的显著提高。

2. 多边政党外交

多边政党外交是冷战后中国多边外交的重要形式之一。冷战后政党外交开始越来越多地被世界各国所运用，极大地丰富了多边外交的内容和形式。中国共产党是中国的执政党，党的对外工作不仅是党的事业发展的关键，同时还是中国总体外交的关键。党的对外工作始终服务于国家的总体外交目标，始终服务于国内和国际两个大局的发展。积极开展党的对外交

---

[1] 雷兴长：《论 90 年代中国多边首脑外交》，载《甘肃社会科学》1999 年第 3 期，第 85 页。

往，不仅是中国了解世界、走向世界的又一途径，还日益成为国际社会认识中国共产党"立党为公、执政为民"的宗旨以及展示中国民主、进步、开放、创新的新时期形象的重要窗口。

中国共产党开展多边外交的工作面不断拓宽，交往的对象日益广泛，工作的内容持续深化，外交的形式更加多元化。五年来，中国共产党与30多个国家的近百个政党建立了党际关系，其中包括了南太平洋岛国、中东地区、中美洲加勒比地区的朋友；与共产党、工人党、社会党、工党、保守党等传统政党的关系有新发展，与绿党等新兴政党关系取得突破，与欧洲议会主要党团政党国际组织关系有所拓展；在中国的多边政党外交中，不但有参观考察、理论研讨、政治对话、经济文化合作研讨，还有探讨治国理政、兴邦立国之策以及国际和地区问题的解决之道，商谈促进国家关系发展的新途径、加强各自党建的新方法。

3. 多边民间外交

民间外交是以各国人民之间进行国际交流为重心的一种外交形式。它是与官方外交相对而言的。民间外交具有领域广泛、渠道多样、方式灵活的特点。民间外交可以通过国际友人、社会团体或其他非政府组织之间的交流，增进各国人民间的了解和信任，加深人民间的友谊，进而以"自下而上"的方式推动国家间关系的发展和国际政治经济问题的解决。

民间外交一直都受到中国国家领导人的重视。邓小平同志曾指出，中国必须积极开展人民外交活动，如果只有政府的合作而没有民间的交往，国家关系是不可能有扎实基础的。进入新世纪，中央新一代领导集体对民间外交更加重视，胡锦涛主席出席 2004 年对外友协成立 50 周年的庆祝大会上发表讲话并强调，中国政府一贯高度重视民间外交，始终把民间外交作为国家总体外交的有机组成部分，始终发挥民间外交的重要作用。在这样的背景下，中国的民间外交不断深化。2001 年 2 月 27 日 "博鳌亚洲论坛"的成立，是中国民间外交浓墨重彩的一笔。它作为一种真正由亚洲人主导的民间多边论坛，对亚洲国家之间的官方外交是重要补充，有助于增进共识、合作及睦邻友好关系,有助于推动亚洲的发展进程。根据数据显示,截至 2006 年底,全国共有 30 个省区市和 309 个城市,与五大洲 119 个国家的 335 个省和 1057 个城市建立了 1401 对友好城市关系,5 年间年均增长 66 对。在过去 5 年,对外友协共接待 100 多个国家 1600 多个代表团的总计近两万人次来华访问。在过去 5 年里,对外友协与五大洲 40 多个国家开展文化交流项目达 180 个,举办各类大型演出、展览活动超过 500 场次。[1] 由此可见,多边民间外交是为中国的总体外交服务的,它为中国开拓与世界各国和国际组织之间的多边外交带来了新的力量。

4. 多边军事外交

中国的多边军事外交正步入一个新的发展阶段。中国军队积极支持在平等参与、协商一致、求同存异、循序渐进的基础上开展多形式、多层次、多渠道的地区安全对话与合作。中国军事外交一向把发展同周边国家的友好关系放在首位。1996、1997 年我国与中亚五国连续签署了《关于在边境地区加强军事领域信任的协定》和《关于在边境地区相互裁减军事力量的协定》。近年来,中国军队多次派员参加亚太地区多边安全会议、亚太地区防卫当局官员论坛、东北亚合作对话会、东盟地区论坛会议以及各类多边安全研讨会等活动。日益活跃地参与这些多边安全活动,有力地宣传了中国外交和国防政策,起到了增信释疑、建立信任的作用。

5. 多边议会外交

议会外交是指各国议会之间为促进国家关系的发展而进行的外交活动,是国家总体外交的重要组成部分。在中国,全国人民代表大会和全国人民政治协商会议是中国议会外交的主体。自改革开放以来,中国的议会外交也逐步走上了舞台,并在国际交往中不断发展和完善。

第一,与外国议会之间的多层次互访不断增多。从 2003 年到 2008 年,吴邦国委员长先后 10 次出访,委员长会议组成人员出访达 58 次,足迹遍

---

[1]《从数字看中国民间外交成果》,《中国日报》,(http://www.chinadaily.com.cn/hqzg/2007-09/29/content_6146197.htm),2007 年 9 月 29 日。

布五大洲，与到访的多个国家签署了一系列合作协议。同期，外国109个议长、副议长应邀访华。通过高层直接沟通和交流，中国与发达国家议会之间政治互信不断增强，与周边国家睦邻友好关系不断发展，与发展中国家议会的传统友谊得到发扬光大。除了高层互访之外，中国全国人大的对外交往还包括议员、专门委员会、友好小组、办事机构、助手和地方立法机构之间的交流，形成了相对完善的交流体系。在中国九届全国人大期间，外事委员会五年间以外事委名义共邀请接待了60个国家的79个代表团963人；会见其他部门邀请访华的各国议员、政府官员、各界人士及驻华使节共400余次2300余人；组派了14个代表团分别出访了40个国家。[1]

第二，与外国议会之间的定期交流机制逐渐完善。从1981年中国全国人大与欧洲议会建立交流机制开始到2008年，全国人大与10多个国家的议会实现了机制化交流，与178个国家建立了议会之间的联系，与外国议会对等成立了98个友好小组。一个以全国人大为主的多层次、多渠道、多形式，包括周边国家、发展中国家、发达国家及多边组织在内的全方位的中国议会外交格局已经基本形成。

第三，积极参与地区性、国际性议会组织的多边事务。截至2008年，中国全国人大已经参加了世界议长大会、各国议会联盟、亚洲议会大会、亚太议会论坛、拉美议会、东盟各国议会间大会、太平洋岛国论坛议长会议等12个国际议会组织，成为3个地区议会组织的观察员。2004年1月，中国作为东道主在北京主持召开了亚太议会论坛第12届年会。2008年6月，全国人大又成功举办了第五届亚欧议会伙伴会议。这些多边议会活动，展现了中国负责任的大国形象。

此外，近年来全国人大还承办了一些专门性的多边议会活动。比如第5届亚欧年轻议员会议、议会世贸大会香港会议、第5次亚洲女议员和女部长会议等重要国际会议，全面深入阐述了我在人权事业、气候变化、妇

---

[1]《议会外交：全方位对外交往格局》，中国网（http://www.china.com.cn/international/txt/2009-09/10/content_18501022.htm），2009年9月10日。

女发展等问题上的立场观点，尤其是对推动建立持久和平、共同繁荣的和谐世界的主张。

作为总体外交的一部分，中国的议会外交规模不断扩大，内容逐渐充实，作用日益凸显，经历了一个逐步完善和务实发展的过程，议会外交以其自身的优势和特点，推动对外交流，促进经贸合作，服务国内建设，取得了丰硕成果，在国家总体外交大局中扮演着越来越重要的角色。

第四节　国际责任与中国海外利益

作为发展中大国，中国应承担以对外援助为例的国际责任与义务。[1] 对外援助为中国改善了一定的国际政治、经济条件。对外援助不仅有助于团结广大第三世界国家支持中国促进国家统一，赢得国际人权斗争，有助于塑造负责任大国形象，消除"中国威胁论"等战略和政治利益的实现，而且在促进对外贸易、对外投资和资源获取等事关国家经济社会发展的重要领域发挥越来越重要的作用。

一、对外援助的界定

关于对外援助概念的界定，学界有着争议，英国苏塞克斯大学发展研究院的学者约翰·怀特指出，"对外援助"这个术语只能严格地用来指一个国家的人民或机构对另一个国家的人民或机构所实施的帮助或计划进行帮助的行为。[2] 他的定义着重强调对外援助是国家与国家之间的行为，是一个国家对另一个国家的帮助。宋新宁和陈岳主编的《国际政治经济学概论》一书中指出，对外援助是一个国家或国家集团对另外一个国家或国家集团提供的无偿或优惠的有偿货物或资金，用以解决受援国所面临的政治

---

[1] 汪段泳、苏长和主编：《中国海外利益研究年度报告（2008–2009）》，上海人民出版社，2011年版，第9页。

[2] John White, the Politics of Foreign Aid, London: Bodley Head, 1974, p7.

经济困难或问题，或达到援助国特定目标的一种手段。[1]

综上所述，对外援助是指援助国或国家集团、援助组织、社会团体乃至个人出于政治、经济、人道主义等方面的动机，以优惠的方式向受援国或国家集团提供资金、物资、技术和人力等帮助的行为。

西方发达国家对于对外援助的目标基本上归结为三个目标：第一，追求援助国的既得利益，包括短期的经贸利益，也包括长期的战略和安全利益。第二，谋求援助国广泛的国家利益，如塑造国家形象、提高国际影响力、传播文化等。第三，关注人类共同利益，如环境保护、救灾扶贫等。

由此可见，对外援助是国家外交政策的重要组成部分，是内政的延伸，是对国家经济、外交、军事政策的补充，是服务于国家利益的特定对外行为。

二、中国对外援助的发展历程

（一）中国对外援助的起始阶段（1950～1963年）

中国对外援助从帮助周边友好国家开始起步。1950年，中国开始向朝鲜和越南两国提供物资援助，从此开启了中国对外援助的序幕。1955年万隆亚非会议后，随着对外关系的发展，中国对外援助范围从社会主义国家扩展到其他发展中国家。1956年，中国开始向非洲国家提供援助。

（二）中国对外援助的扩大阶段（1964～1970年）

1964年周恩来总理在出访加纳期间提出援外八项原则，中国的对外援助有了指导性原则，也是中国对外援助进一步成熟的标志。在援外八原则的指导下，不断扩大对外援助对象，中国和更多的亚非民族主义国家建立经济合作关系。从1964～1970年，中国对第三世界国家的援助呈现出范围广、数量大的特点，援助对象共计31个。

（三）中国对外援助的急剧增长和回落阶段（1971～1978年）

1971年中国恢复了在联合国的合法席位，国际地位提高。从1971～1978

---

[1] 宋新宁、陈岳:《国际政治经济学概论》，中国人民大学出版社，1999年版，第216页。

年底，和我国建交的国家多达 52 个，大多数都是第三世界国家，多数向中国提出了援助申请。中国对外援助的国家数量和规模因此快速增加、扩大。但是"文革"期间的中国社会对巨大的对外援助不堪重负，加上援助阿尔巴尼亚和越南的不良效果显现，中国政府对对外援助进行了调整。

（四）中国对外援助的初步改革阶段（1979～1995 年）

1978 年中国政府果断停止对阿尔巴比亚和越南的援助，标志着中国对外援助新阶段的开始。依据"平等互利、讲求实效、形式多样、共同发展"的对外援助四项原则，中国对援外工作的方针和政策进行了全面、合理的调整，强调既要继续加强对发展中国家的援助，又要量力而行；既要提供援助，也应接受援助。从 80 年代初，中国调整、减少了对外援助数额。直到 80 年代末期，经济实力快速增长，中国对外援助的规模才重新开始扩大。而且中国政府对对外援助的布局、结构、规模、方式和重点领域进行了调整，投资少、效益好和直接使受援国人民受益的中小型项目受到青睐。

20 世纪 90 年代，中国在加快从计划经济体制向社会主义市场经济体制转变的过程中，开始对对外援助进行一系列改革，重点是推动援助资金来源和方式的多样化。1993 年，中国政府利用发展中国家已偿还的部分无息贷款资金设立援外合资合作项目基金。该基金主要用于支持中国中小企业与受援国企业在生产和经营领域开展合资合作。1995 年，中国开始通过中国进出口银行向发展中国家提供具有政府援助性质的中长期低息优惠贷款，有效扩大了援外资金来源。与此同时，中国更加重视支持受援国能力建设，不断扩大援外技术培训规模，受援国官员来华培训逐渐成为援外人力资源开发合作的重要内容。

（五）中国对外援助进入新的发展阶段（2000 年至今）

2000 年，中非合作论坛成立，成为新形势下中国与非洲友好国家开展集体对话的重要平台和务实合作的有效机制。通过这一阶段的改革，中国对外援助的发展道路进一步拓宽，效果更加显著。2004 年以来，在经济持续快速增长、综合国力不断增强的基础上，中国对外援助资金保持快速增长，2004～2009 年平均年增长率为 29.4%。中国除通过传统双边渠道商定援助项目外，还在国际和地区层面加强与受援国的集体磋商。中国政府在联合国发展筹资高级别会议、联合国千年发展目标高级别会议，以及中非合作论坛、上海合作组织、中国—东盟领导人会议、中国—加勒比经贸合作论坛、中国—太平洋岛国经济发展合作论坛、中国—葡语国家经贸合作论坛等区域合作机制会议上，多次宣布一揽子有针对性的对外援助政策措施，加强在农业、基础设施、教育、医疗卫生、人力资源开发合作、清洁能源等领域的援助力度。2010 年 8 月，中国政府召开全国援外工作会议，全面总结援外工作经验，明确了新形势下进一步加强和改进对外援助工作的重点任务，中国的对外援助进入新的发展阶段。

三、中国对外援助政策

中国的对外援助政策具有鲜明的时代特征，符合自身国情和受援国发展需要。20 世纪 60 年代中国提出的对外援助八项原则，从一开始就是中国对外援助遵循的基本方针，并在实践中不断丰富、完善和发展。中国是世界上最大的发展中国家，人口多、底子薄、经济发展不平衡。发展仍然是中国长期面临的艰巨任务，这决定了中国的对外援助属于南南合作范畴，是发展中国家间的相互帮助。中国对外援助政策的基本内容是：

1. 坚持帮助受援国提高自主发展能力。实践证明，一国的发展主要依靠自身的力量。中国在提供对外援助时，尽力为受援国培养本土人才和技术力量，帮助受援国建设基础设施，开发利用本国资源，打好发展基础，逐步走上自力更生、独立发展的道路。

2. 坚持不附带任何政治条件。中国坚持和平共处五项原则，尊重各受援国自主选择发展道路和模式的权力，相信各国能够探索出适合本国国情的发展道路，绝不把提供援助作为干涉他国内政、谋求政治特权的手段。

3. 坚持平等互利、共同发展。中国坚持把对外援助视为发展中国家之间的相互帮助，注意实际效果，照顾对方利益，通过开展与其他发展中国家的经济技术合作，着力促进双边友好关系和互利共赢。

4.坚持量力而行、尽力而为。在援助规模和方式上，中国从自身国情出发，依据国力提供力所能及的援助。注重充分发挥比较优势，最大限度地结合受援国的实际需要。

5.坚持与时俱进、改革创新。中国对外援助顺应国内外形势发展变化，注重总结经验，创新对外援助方式，及时调整改革管理机制，不断提高对外援助工作水平。

四、中国对外援助方式

中国对外援助主要有 8 种方式：成套项目、一般物资、技术合作、人力资源开发合作、援外医疗队、紧急人道主义援助、援外志愿者和债务减免。

（一）成套项目

成套项目援助是指中国通过提供无偿援助和无息贷款等援助资金帮助受援国建设生产和民用领域的工程项目。中方负责项目考察、勘察、设计和施工的全部或部分过程，提供全部或部分设备、建筑材料，派遣工程技术人员组织和指导施工、安装和试生产。项目竣工后，移交受援国使用。

成套项目是中国最主要的对外援助方式。从 1954 年开始，中国利用成套项目援助方式为越南、朝鲜两国修复被战争破坏的铁路、公路、港口、桥梁和市政交通等设施，并援建一批基础工业，为两国战后重建和经济发展作出巨大贡献。此后，成套项目建设的规模和范围不断扩大，在对外援助支出中一直占有较大比例。目前，成套项目援助占对外援助财政支出的40% 左右。

截至 2009 年底，中国共帮助发展中国家建成 2000 多个与当地民众生产和生活息息相关的各类成套项目，涉及工业、农业、文教、卫生、通讯、电力、能源、交通等多个领域。

（二）一般物资

一般物资援助是指中国在援助资金项下，向受援国提供所需生产生活物资、技术性产品或单项设备，并承担必要的配套技术服务。

中国对外援助最早是从提供一般物资开始的。20世纪50、60年代，中国在国内物资十分短缺的情况下，为支持广大亚非国家争取民族解放和发展民族经济，向上述国家提供了大量生产和生活物资。除单项提供援外物资外，中国还配合成套项目建设提供各种配套设备和物资。中国始终将国内生产的质量最好的产品作为援助物资，提供的物资涉及机械设备、医疗设备、检测设备、交通运输工具、办公用品、食品、药品等众多领域。这些物资满足了受援国生产生活急需，其中一些设备如民用飞机、机车、集装箱检测设备等，还促进了受援国装备能力的提高和产业的发展。

（三）技术合作

技术合作是指由中国派遣专家，对已建成成套项目后续生产、运营或维护提供技术指导，就地培训受援国的管理和技术人员；帮助发展中国家为发展生产而进行试种、试养、试制，传授中国农业和传统手工艺技术；帮助发展中国家完成某一项专业考察、勘探、规划、研究、咨询等。

技术合作是中国帮助受援国增强自主发展能力的重要合作方式。技术合作涉及领域广泛，包括工业生产和管理，农业种植养殖，编织、刺绣等手工业生产，文化教育，体育训练，医疗卫生，沼气、小水电等清洁能源开发，地质普查勘探，经济规划等。技术合作期限一般为1~2年，必要时应对方要求，可以延长。

（四）人力资源开发合作

人力资源开发合作是指中国通过多双边渠道为发展中国家举办各种形式的政府官员研修、学历学位教育、专业技术培训以及其他人员交流项目。

中国从1953年开始实施人力资源开发合作项目。20世纪50年代至70年代，中国接收了大量来自朝鲜、越南、阿尔巴尼亚、古巴、埃及等国的实习生来华学习，涉及农林、水利、轻工、纺织、交通、卫生等20

多个行业。自 1981 年起，中国同联合国开发计划署合作，为发展中国家在华举办了多个领域的实用技术培训班。自 1998 年起，中国政府开始举办官员研修班，培训的部门、领域和规模迅速扩大。截至 2009 年底，中国为发展中国家在华举办各类培训班 4000 多期，培训人员 12 万人次，包括实习生、管理和技术人员以及官员。培训内容涵盖经济、外交、农业、医疗卫生和环保等 20 多个领域。目前，每年在华培训发展中国家人员约 1 万名左右。此外，中国还通过技术合作等方式为受援国就地培训了大量管理和技术人员。

（五）援外医疗队

援外医疗队是指中国向受援国派出医务人员团队，并无偿提供部分医疗设备和药品，在受援国进行定点或巡回医疗服务。

1963 年，中国向阿尔及利亚派出第一支医疗队。截至目前，中国已向亚洲、非洲、欧洲、拉丁美洲、加勒比和大洋洲 69 个国家派遣了援外医疗队。援外医疗队一般工作在受援国缺医少药的落后地区，条件十分艰苦。援外医疗队员治愈了大量常见病、多发病，并采用针灸、推拿以及中西医结合诊疗方法诊治了不少疑难重症，挽救了许多垂危病人的生命。援外医疗队员还向当地医务人员传授医疗技术，促进了当地医疗卫生水平的提高。援外医疗队员以精湛的医术、良好的医德医风和高度的责任感与使命感，全力为受援国人民服务，赢得了受援国政府和人民的尊重和赞扬。截至 2009 年底，中国累计对外派遣 2.1 万多名援外医疗队员，经中国医生诊治的受援国患者达 2.6 亿人次。2009 年，有 60 支援外医疗队，共 1324 名医疗队员，分别在 57 个发展中国家的 130 个医疗机构提供医疗服务。

（六）紧急人道主义援助

紧急人道主义援助是指中国在有关国家和地区遭受各种严重自然灾害或人道主义灾难的情况下，主动或应受灾国要求提供紧急救援物资、现汇或派出救援人员，以减轻灾区人民生命财产损失，帮助受灾国应对灾害造成的困难局面。

多年来，中国积极参与对外紧急救援行动，并在国际紧急人道主义救援事业中发挥着越来越重要的作用。为使救援行动更加快速有效，中国政府于2004年9月正式建立人道主义紧急救灾援助应急机制。2004年12月印度洋海啸发生后，中国开展了对外援助历史上规模最大的紧急救援行动，向受灾国提供各种援助共计7亿多元人民币。近5年来，中国政府累计开展紧急援助近200次，主要包括向东南亚国家提供防治禽流感紧急技术援助；就几内亚比绍蝗灾和霍乱，厄瓜多尔登革热，墨西哥甲型H1N1流感，伊朗、巴基斯坦、海地、智利地震，马达加斯加飓风，缅甸、古巴热带风暴，巴基斯坦洪灾等提供物资或现汇紧急援助；向朝鲜、孟加拉国、尼泊尔、阿富汗、布隆迪、莱索托、津巴布韦、莫桑比克等国提供紧急粮食援助。

（七）援外志愿者

援外志愿者是指中国选派志愿人员到其他发展中国家，在教育、医疗卫生和其他社会发展领域为当地民众提供服务。目前，中国派出的志愿者主要有援外青年志愿者和汉语教师志愿者。

2002年5月，中国首次派遣5名青年志愿者赴老挝，在教育和医疗卫生领域开展了为期半年的志愿服务。截至2009年底，中国向泰国、埃塞俄比亚、老挝、缅甸、塞舌尔、利比里亚、圭亚那等19个发展中国家共派遣405名援外青年志愿者，服务范围涉及汉语教学、中医治疗、农业科技推广、体育训练、计算机培训、国际救援等领域。其中，向埃塞俄比亚、圭亚那等多个国家实现连续派遣。2003年，中国开始对外派遣汉语教师志愿者。截至2009年底，向全球70多个国家派遣汉语教师志愿者共计7590人次。

（八）债务减免

债务减免是指中国免除部分发展中国家对华到期政府债务。对于受援国对华政府债务，中国政府从不施加还款压力。在受援国偿还到期无息贷款遇到困难时，中国政府一向采取灵活的处理方式，通过双边协商延长还款期限。为进一步减轻经济困难国家的债务负担，中国政府在 2000 年中非合作论坛第一届部长级会议、2005 年联合国发展筹资高级别会议、2006 年中非合作论坛北京峰会、2008 年联合国千年发展目标高级别会议、2009 年中非合作论坛第四届部长级会议和 2010 年联合国千年发展目标高级别会议上，先后 6 次宣布免除与中国有外交关系的重债穷国和最不发达国家对华到期无息贷款债务。截至 2009 年底，中国与非洲、亚洲、拉丁美洲、加勒比和大洋洲 50 个国家签署免债议定书，免除到期债务 380 笔，金额达 255.8 亿元人民币（见表 5-1）。[1]

表5-1 中国政府免除受援国债务统计

地区	国家数量	免债笔数	免债金额（亿人民币）
非洲	35	312	189.6
亚洲	10	41	59.9
拉丁美洲和加勒比	2	14	4.0
大洋洲	3	13	2.3
总计	50	380	255.8

五、中国对外援助的分布

中国对外援助的主要对象是低收入发展中国家。在援助领域分布中，中国重点关注受援国民生和经济发展，努力使援助更多地惠及当地贫困群体。

（一）受援地区分布

中国对外援助地理分布比较均衡。受援国涉及亚洲、非洲、拉丁美洲、加勒比、大洋洲和东欧等地区大部分发展中国家。中国对其中最不发达国家和其他低收入国家的援助比重始终保持在三分之二左右。截至 2009 年底，中国累计向 161 个国家以及 30 多个国际和区域组织提供了援助，经

---

[1] 中华人民共和国国务院新闻办公室：《中国的对外援助白皮书》，2011 年 4 月 21 日，中华人民共和国中央人民政府（http://www.gov.cn/zwgk/2011-04/21/content_1850553.htm）。

常性接受中国援助的发展中国家有 123 个，其中亚洲 30 个、非洲 51 个、拉丁美洲和加勒比 18 个、大洋洲 12 个、东欧 12 个。亚洲和非洲作为贫困人口最多的两个地区，接受了中国 80% 左右的援助。

（二）受援主要领域

中国对外援助项目主要分布在农业、工业、经济基础设施、公共设施、教育、医疗卫生等领域，重点帮助受援国提高工农业生产能力，增强经济和社会发展基础，改善基础教育和医疗状况。近年来，应对气候变化成为中国对外援助的一个新领域。

1. 农业

中国将促进发展中国家的农业和农村发展、减轻贫困作为对外援助的优先领域。农业援助内容主要包括：建设农场、农业技术示范中心、农业技术试验站和推广站，兴建农田水利工程，提供农机具、农产品加工设备和相关农用物资，派遣农业技术人员和高级农业专家传授农业生产技术和提供农业发展咨询，为受援国培训农业人才等。中国援建的农业项目促进了受援国农业生产的发展，增加了粮食和经济作物的产量，并为发展轻工业提供了原料。中国派遣援外农业专家帮助几内亚比绍建立 11 个水稻生产示范点，示范种植面积 2000 公顷，繁育良种 530 吨，推广面积 3530 公顷，其中多个品种增产 3 倍以上。截至 2009 年底，中国共帮助发展中国家建成 221 个农业援助项目，其中农场 35 个、农业技术实验站和推广站 47 个、牧业项目 11 个、渔业项目 15 个、农田水利工程 47 个、其他农业项目 66 个。此外，中国还提供了大量农机设备等农用物资。

2. 工业

工业援助在中国对外援助初期占据重要地位。20 世纪 50 年代至 70 年代，中国帮助许多刚独立的亚非国家建设了一批工业项目，奠定了受援国工业发展基础，不少项目填补了受援国民族工业的空白。工业援助在 70 年代发展较为迅速，一度成为中国成套项目援助的重要内容之一。从 80 年代中后期开始，许多发展中国家企业私有化进程加快，中国对这一领域的援助逐步减少。中国援建的工业项目对于促进受援国生产和经济发展，增加就业和税收，繁荣市场发挥了积极作用。截至 2009 年底，中国共帮助发展中国家建成 688 个工业生产性项目，涉及轻工、纺织、机械、化工、冶金、电子、建材、能源等多个行业。

3. 经济基础设施

经济基础设施建设一直是中国对外援助的重要内容。虽然援助资金有限，但中国充分发挥技术成熟和人力成本相对低廉的优势，帮助其他发展中国家建设了一批交通、通讯、电力等基础设施项目。截至 2009 年底，中国共帮助发展中国家建成 442 个经济基础设施项目。也门萨那至荷台达公路、巴基斯坦喀喇昆仑公路和瓜达尔港、坦赞铁路、索马里贝莱特温—布劳公路、马耳他干船坞、喀麦隆拉格都水电站、毛里塔尼亚友谊港、博茨瓦纳铁路改造、孟加拉国 6 座大桥、昆曼公路老挝段、缅甸大湄公河次区域信息高速公路、塔吉克斯坦沙尔—沙尔隧道、柬埔寨 7 号公路、埃塞俄比亚格特拉立交桥等项目，改善了受援国的生活和生产环境，为受援国经济和社会的发展创造了更好的条件。

4. 公共设施

公共设施是中国对外援助中一个具有特色的领域。中国援建的公共设施项目主要包括市政设施、民用建筑、打井供水、会议大厦、体育场馆、文化场馆、科教卫生设施等。截至 2009 年底，中国共帮助发展中国家建成 687 个各类公共设施项目。斯里兰卡纪念班达拉奈克国际会议大厦、苏丹友谊厅、加纳国家剧场、埃及开罗国际会议中心、科摩罗广播电视中心、缅甸国际会议中心、肯尼亚国际体育中心、斐济多功能体育馆、坦桑尼亚国家体育场等公共设施和体育设施，成为当地社会政治文化活动的中心和城市标志性建筑。毛里塔尼亚首都供水工程、柬埔寨打井项目、坦桑尼亚查林兹供水项目、尼日尔津德尔供水工程、安哥拉经济住宅项目、苏里南低造价住房项目等社会公共福利设施，为改善当地贫困人民的生活条件作出了积极贡献。

5. 教育

中国政府历来重视对发展中国家教育领域的援助。中国教育援助内容主要包括：援建学校、提供教学设备和资料、派遣教师、在华培训发展中国家教师和实习生，为发展中国家来华留学生提供政府奖学金等。截至2009 年底，中国共帮助发展中国家建成 130 多所学校。累计资助来自 119个发展中国家共计 7 万余名留学生来华进行各类专业学习，其中，2009年向 1.1 万余名留学生提供了奖学金。共派遣近 1 万名援外教师。共为受援国培训校长和教师 1 万余名。

6. 医疗卫生

医疗卫生是中国对外援助的重要领域。主要援助内容有：建设医院、医疗卫生中心和设立疟疾防治中心，派遣医疗队，培训医疗人员，提供药品和医疗物资援助。截至 2009 年底，中国共帮助发展中国家建成 100 多所医院和医疗服务中心，并提供大量医疗设备和药品。另有 30 多所医院正在建设之中。中国在医疗领域的援助为受援国发展医疗卫生事业、改善医疗卫生条件、提高医疗技术水平作出了积极贡献。

六、中国对外援助与国家利益

在改革开放前中国对外援助的 28 年间，我国共向 66 个国家提供了援助，建成 880 个成套项目。为我国在第三世界发展中国家赢得了很好的声誉，促进了我国与第三世界发展中国家的政治、外交关系的发展，并且在国际政治经济斗争中使中国得到了广大第三世界发展中国家的支持。然而，这一时期的对外援助由于规模庞大、援助数额高，脱离了国内经济实力，加重了国民经济的负担，妨碍了中国经济的发展和人民生活水平的改善。

（一）改革开放前对外援助中的国家利益体现

1. 政治利益

改革开放前对外援助对外援助给中国的国家利益带来的最大的正面效

应体现在政治利益方面。中国的对外援助有助于中国扩大国际影响，提高国际地位，创造有利于国家改革和发展的国际环境、维护国家统一和领土完整。[1]最明显的效果莫过于 1971 年 10 月 25 日，联合国大会 26 届会议通过了恢复中华人民共和国合法席位的提案。提案的阿尔巴尼亚、阿尔及利亚、坦桑尼亚、赞比亚等 23 个国家中除南斯拉夫以外的 22 国都是中国援助的对象。对此提案投赞成票的 76 个国家中，有 51 个是亚非拉第三世界国家，其中绝大多数国家都是中国对外援助的受援国。

2. 安全利益

中国援助的对象中很大比例是周边国家，如朝鲜、越南、老挝、柬埔寨等。建国初期的中国面临着一个重要课题就是如何巩固革命的成果。此时，周边国家也刚刚建国或正在进行革命。周边国家的稳定与发展也关系着中国的国家安全。如果中国周边发生战争，难民压力，战争蔓延的危险，都会严重影响中国的国家安全。因此，中国对这些国家给予很多军事方面的援助，如 1970 年中国与朝鲜签订了中国给予朝鲜无偿军事援助 6 亿元的协议。1950～1978 年 3 月，中国向越南提供无偿援助总值超过 200 亿美元。其意图在于，通过援助加强周边国家的军事建设，从而巩固中国自身的安全利益。[2]

对中国国家利益的负面影响则主要体现在经济方面。建国初期，国内经济"一穷二白"，数额巨大的对外援助严重脱离了国内经济实力，影响了中国的国家建设。如 1971 年底，毛泽东主席将给巴基斯坦的援助增加至 5 亿元，就使本已制订好的"四五"计划被迫重新修改，严重影响了国内基础设施建设和人民生活水平的提高。造成当时这种国际和国家利益冲突状况的原因有很多，但从国家利益的角度来看，我们可以认为造成这一状况的原因根本上是中国的政治利益、安全利益与经济利益之间的矛盾。对外援助这一政策的制订者，更多地考虑了政治利益和安全利益而忽视了经济利益，因此对中国的国家利益实际造成了损失。

---

[1] 王泰平主编：《新中国外交 50 年》，北京出版社，1999 年版，第 721-722 页。

[2] 孙露晞：《从国家利益视野下看中国建国以来的对外援助政策》，载《时代金融》2007 年第 11 期，第 9 页。

（二）改革开放后对外援助中的国家利益体现

改革开放以后，中国和第三世界国家之间政府间官方援助向形式多样、互利合作方向发展，增加了合资企业、承包工程、劳务合作和管理合作等新形式。中国政府还从1995年起，向非洲国家提供政府贴息优惠贷款，鼓励和推动中国企业与非洲企业对援外项目进行合资合作。2006年11月中非合作论坛峰会在北京召开，除了中国免除非洲国家债务外，中非之间更多地强调了合作。并且除了传统的政治合作，在经贸、安全、文化等方面的合作，也在迅速发展。同时，我国对外援助，除了传统的友好国家之外，对外援助的范围也更大。在2004年，印度洋海啸发生之后，中国政府共提供援助6亿8763万元。这不仅是出于国际人道主义的考虑，也有利于中国与邻国的合作和地区整合，从而有利于中国的长远利益。[1]

1. 政治利益和安全利益

和改革开放前的对外援助相同的是，我国对外援助中仍旧给我国带来了很多政治利益和安全利益。一方面随着冷战的结束，我国对国家安全利益和政治利益中意识形态的成分减少，基于台湾问题的利益需求则在增加。针对台湾当局通过提供高额的援助使受援国承认台湾"独立"地位的"金元外交"对我国的政治利益、安全利益造成的侵害，在政治上，中国仍然需要第三世界的支持。向第三世界国家继续提供对外援助，加强南南合作，发展同第三世界国家的良好关系，体现了我国的政治利益和安全利益的需求。2004年，联合国人权委员会第60次会议上，中国第11次挫败西方一些国家的反华议案，在支持中国的28票中，亚非拉发展中国家竟然占到了26票。[2] 由此可见，继续支持其他发展中国家的发展，并互相支持、平等互利，能给中国的国家政治利益和安全利益带来益处。

2. 经济利益

与传统的对外援助很大的不同就在于我国更加强调国家的经济利益。

[1] 孙露晞：《从国家利益视野下看中国建国以来的对外援助政策》，载《时代金融》2007年第11期，第10页。
[2] 杨福昌：《发展中国家及其与中国的关系——纪念万隆会议召开50周年》，载《西亚非洲》2005年第4期，第20页。

经济利益成为最经常性的国家利益，当国家生存安全有了基本保障时，经济利益则上升为国家日常对外政策所追求的最重要内容。[1]我国对外援助的实施方式的变化表明，我国要把非营利性的赠与型援助转变为利润共享的对外援助。在给受援国提供资金后，通过合资、合营、联营等方式给我国企业和国家带来利益。除了使受援国获得长期的经济利益外，我国作为施援国也要从中获得长期经济利益。

发展中国家在自身建设的过程中，对资本、技术、人力资源、要素产品、消费品产品等方面都有很大的需求。发展中国家是一个40多亿人口的市场，并且这个市场购买力不断增强。以2011年为例，中国同亚非国家的贸易额超过2.06万亿美元，占中国对外贸易总额的56%。[2]加强和发展中国家的经贸合作，并争取在这个市场中的地位，对中国的经济发展有着长远的利益。

3. 文化利益

同时，我国的对外援助也逐渐开始体现我国的文化利益。一方面，医疗、教育等方面的援助的增加，以及越来越多的和其他国家的文化交流，都促进了我国文化的传播。这有利于发扬中华民族的优良文化传统和先进的文明成果。另一方面，中国在对外援助中，为中国赢得了良好的声誉，这也有利于中国的国家文化利益。

由此可见，改革开放后对外援助中的国家利益体现中经济利益上升到一个重要位置，相比之下政治利益和安全利益的重要性有所降低。在对外援助中，我们越来越多地强调合作与双赢，以更好地实现我国的国家利益。

第五节　国际机制的参与和中国海外利益

与经济开放的步伐同步，中国目前的海外利益已经遍布全球。而对于

---

[1] 阎学通：《国际政治与中国》，北京大学出版社，2005年版，第24页。

[2]《2011年1-12月我对亚洲国家（地区）贸易统计》，中国商务部亚洲司（http://yzs.mofcom.gov.cn/aarticle/g/date/p/201202/20120207946820.html），2012年2月；《2011年中非贸易额突破1600亿美元》，中国自由贸易区服务网（http://fta.mofcom.gov.cn/article/ftazixun/201202/9217_1.html），2012年2月。

一个有着全球利益的大国来说，其海外利益的维护就不能仅仅着眼于具体物质利益的得失，而是要着力参与设计和维护一整套国际规则、制度和行为规范，通过全球机制的建立来维护海外利益。事实证明，依靠国际制度和普遍规则来维护的一种普遍利益，才是参与其中的国家实现共赢的最佳方式。[1]

一、国际机制理论

（一）国际机制的概念

国际机制（International Regime），是国际关系领域中的一个重要概念。20世纪70年代，国际机制逐渐成为国际关系学中的一个研究热点，此后的十余年间，国际机制发展成为国际政治研究当中最重要的概念之一。关于国际机制概念的定义，学术界还存在争议。在诸多定义中，斯蒂芬·克拉斯纳对国际机制的定义被广泛接受并引用，"国际机制是在国际关系特定领域里行为体愿望会聚而成的一整套明示或默示的原则、规范、规则和决策程序。"[2]奥伦·扬则认为国际机制是国家间的多边协议，目的在于协调某一问题领域的国际行为。综合以上各种观点，我国学术界将国际机制定义为"国际共同体为稳定国际秩序，促进共同发展，规范国际行为而建立起的一系列有约束性的制度性的安排与交往规则"。[3]

从以上几种定义中我们可以总结出国际机制的三个要素：它是一种共同的国际行为模式；它是能够协调国家间关系的原则、准则、规则和决策程序；它的作用范围限制在某一特定的问题领域。在这其中，"原则、准则、规则和决策程序"是最核心的要素。

关于国际机制的特点，西方学者也有不同的论述。但一般来说，西方

[1] 唐昊：《从国家战略层面布局中国海外利益》，南方报业网（http://opinion.nfdaily.cn/content/2011-04/25/content_23170034.htm），2011年4月25日。

[2] Stephen Krasner, International Regimes, Cornell University Press, 1983.

[3] 倪世雄：《当代西方国际关系理论》，复旦大学出版社，2005年版，第359—376页。

学者对国际机制的特点概括无外乎以下几点：第一，国际机制体现了新自由主义对国际社会的理想化模式，它是国际社会机制化的产物和成果；第二，国际机制的形成需要具备一定的要素，那就是具有共同的利益——安全与发展以及通过机制对参与者实施道义上的限制；第三，国际机制作用于国际关系的每一个实质性问题领域；第四，机制是不断发展变化的，其变化发展的核心是准则的变化；第五，国际机制的最大功能在于制约和协调国际社会诸角色的行为。

（二）国际机制的功能

国际机制能够规范国际关系行为体、影响国际体系结果，这是其手段功能。此外，国际机制也有目标功能，即作为一种国际体系的共享文化，能够促进国际社会更好地运转。国际机制除了规范参与者的行为之外，还要求参与者要履行一定的义务，所以不论是国际机制对参与者行为的规范还是参与者对义务的遵守，都在客观上促成国际社会的有序交往，从而造成国际体系内部的稳定。因此，国际机制的功能大致可以概括为三点：提供公共产品，降低交易成本，塑造结果预期和保持国际关系的连续和稳定性。[1]

门洪华教授曾对国际机制的有效性与局限性做过深入的研究和分析，他将国际机制的有效性概括为六点：服务作用、制约作用、规范作用、惩罚作用，示范作用和惯性作用。[2] 这六点有效性也是对国际机制功能精炼的概括。

二、国际机制的现实意义

国际机制是国际体系和国际社会制度化的产物，它的涵盖范围主要包括国际组织、国际协议、国际准则和国际惯例等。国际机制从产生至今，

---

[1] 简军波、丁冬汉：《国际机制的功能与道义》，载《世界经济与政治》2002 年第 3 期，第 15 页。
[2] 门洪华：《国际机制的有效性与局限性》，载《美国研究》2001 年第 4 期，第 7—20 页。

走过了漫长的发展过程。纵观历史可以发现，国际机制在国际社会中的作用越来越突出，人类对它寄予的希望也越来越大。概括起来国际机制的现实意义主要包括以下几点：

（一）协调国与国之间的关系，增强国际社会稳定性

国际机制在限制参与国冲突和恢复和平方面发挥了重要作用，大大减少了国际社会的不稳定因素。例如，包括停火、敦促谈判、促使达成协议和维和等措施在内的手段，是联合国在半个多世纪的发展历程中形成的用来解决冲突的有效措施；冷战后，联合国在原来维护和平手段的基础上，又逐渐探索出预防性外交、第二代维和行动等途径。在军备控制和促进核裁军方面，国际机制尤其是联合国倡导的裁军机制和核不扩散机制等，都发挥了重大作用。在日内瓦裁军谈判委员会历时24年的谈判之后，1993年，《禁止化学武器公约》终于由130个国家签署；《全面禁止核试验条约》也在1996年的第50届联大会议上通过。[1]这些成果的取得与联合国领导下的国际机制的努力是分不开的。

（二）增进理解，密切交往

国际机制为各国提供了多元的接触渠道，是促成各成员国之间的广泛接触和交往的平台。在这种交往形势下，成员国会逐渐加深对他国的认识与理解，对他国采取的行动更容易接受，在利益纷争的情况下，也更倾向于选择双赢或多赢的措施。国际机制的这种寻求解决全球或地区问题的功能，吸引着国际社会更广泛的参与者，从而逐步扩大交往，密切各国联系。此外，国际机制的这种功能还提高了非国家行为体在国际关系中的地位和作用，在相互依存程度逐渐加深的趋势下，非国家行为体作为一股新的力量，参与世界政治并展现了其巨大的影响力。

（三）促进国际经济和社会发展

二战后，经济领域的国际机制，如国际货币基金组织、世界银行、关税与贸易总协定等经济贸易和金融机制大量产生。这些机制促使越来越多

---

[1] 夏立平：《论当代国际机制发展趋势与中国的选择》，载《国际问题研究》2007年第1期，第47页。

的国际交往规则、规范树立起来，并通过资金支持、技术援助和降低关税增进贸易等方式推动了世界经济和社会发展。

（四）促进国际法健全，充当国际权威

国际机制建立的目的就在于解决某一特定问题领域的难题，并在该领域形成一整套明确的原则、准则、规则和决策程序。原则、准则、规则和决策程序是国际机制的核心，当国际机制在某一领域建立起广泛影响力后，这些原则、准则和规则等逐步被各国认同并在该领域直接或间接地促进了国际法的形成和完善。国际机制得到广泛认可后，其合法性也进一步增强，在此过程中，国际权威也在该领域建立起来。

三、中国参与国际机制的进程及成效

新中国成立后的五六十年代，由于西方国家拒绝承认新中国，加上意识形态、社会制度、价值观以及外交战略的分歧，在东西方严峻对峙的国际环境中，中国选择了游离于西方主导的世界体系和国际机制之外，甚至成为西方主导的国际机制的主要挑战者。70年代，国际形势发生很大变化，苏攻美守的态势使苏联霸权主义横行，中国需要借助美国力量一起抗衡苏联。1971年10月，中国在联合国恢复了合法席位，以此为标志，中国开始初步参与国际机制。及至80年代中国改革开放后，中国迈出了参与国际机制的新步伐。改革开放以后，中国调整了对外战略，逐步从自我封闭走向对外开放，并发展成为世界上国际化程度最高、参与国际机制最为积极的国家之一。通过中国参与国际机制的历史过程可以发现，虽然几经摇摆，最终还是完成了从"中国之世界"向"世界之中国"的转变，从"局外者"向"局内者"的转变。[1]

随着冷战的结束，两极对峙的格局一去不复返，旧的受冷战因素制约的各种藩篱也随之消失，世界的总体形势在缓和，和平与发展成为世界主

---

[1] 门洪华：《国际机制与中国的战略选择》，载《中国社会科学》2001年第2期，第181页。

流。政治多极化和经济全球化并行，国际合作和协调的作用日益突出，国际机制的重要意义也越来越受到各国重视，各种层次的国际组织和机制迅猛发展。政治形势的缓和和经济发展的需求推动各国更加注重对外交往和发展相互关系。中国也不例外，进入90年代以来，中国确立了全方位外交新格局。中国抓住历史机遇，以积极参与者的身份开始全面融入国际机制，在各种层次和领域展开了全方位的行动。

（一）国际政治机制

冷战后中国积极参与国际政治机制，不论是全球层面、区域层面还是双边关系，中国的参与程度前所未有。

1.参与人权保障机制。人权问题也是西方国家寻找指责和抨击中国的借口。从监狱管理制度到新闻出版制度，从计划生育政策到西藏民族自治区政策等，都是西方国家指责中国的热点领域。面对这种压力，中国一方面反对西方国家以人权为幌子干涉中国内政，另一方面，中国也加强与西方国家的交流和对话。有鉴于此，中国政府在冷战后加快了参与国际人权保障机制的步伐：1998年，中国政府签署了《公民权利和政治权利国际公约》，国务院也发表了《中国人权状况》白皮书，白皮书全面系统地向国际社会介绍了一个事实，那就是中国在人权状况以及在提高人民生活水平方面取得了巨大成就，从而驳斥了西方国家对中国的诬蔑。加入国家人权保障机制，一方面有利于增进与世界各国的交流和理解，减少隔阂和误会，另一方面也是中国积极融入国际机制的表现。

2.东亚合作机制。东亚地区各国在冷战后表现出较强的合作和交往愿望，为了团结合作和促进共同发展，区域内的各种合作机制发展迅速。首先，单就东亚地区来说，中国、日本和韩国是近邻，在文化、历史和传统上渊源深厚，又都是东亚地区大国，因此三国形成合作机制意义将十分重大。目前，中日韩三国领导人会晤机制已初步形成，并初步提出了东亚共同体的构想。其次，东亚地区另外一个重要机制是东盟，冷战后，中国积极参加东盟地区论坛、"中国＋东盟"首脑非正式会晤，并同日本、韩国一起构成"东盟＋中日韩"的合作机制。东盟虽然在严格意义上属于东南亚的地理范畴，但是随着中国的参与和融入，东盟显著地提高了在区域内和在国际上的影响力。中国与东盟确立了面向21世纪的睦邻互信伙伴关系，从而促进了东亚地区国家间的安全合作和经济合作。再次，除了参与固有的国际机制外，2001年，在第六次会晤中，乌兹别克斯坦加入该机制，六国共同签署《上海合作组织宣言》，上海合作组织正式成立。上海合作组织是第一个以中国城市命名的国际组织，反映了中国加强同周边国家友好关系的良好愿望，同时也是中国维护地区和平、促进共同发展所取得的积极成果。

3. 在双边关系上，建立一系列伙伴关系。冷战后，大国关系趋于缓和，建立各种形式的伙伴关系成为新趋势，并逐渐向机制化的方向发展。中国努力与当今世界各大国建立各种形式的伙伴关系，目前为止，已经与绝大多数大国建立了伙伴关系。例如，中美、中欧均致力于建立各种形式的建设性战略伙伴关系，中欧还建立了领导人年会晤机制；周边国家关系方面，中俄双方已经建立了面向21世纪的建设性战略伙伴关系；在中日双边关系上，双方建立了致力于和平与发展的合作伙伴关系；中韩建立了全面合作伙伴关系。中国致力于与各大国建立各种形式的伙伴关系，表明中国在融入国际社会中迈出了坚实的一步，同时也表明了中国在大国关系的协调和运作中处于十分重要的地位，中国的国际地位和作用大大提升。

（二）国际经济机制

国际经济机制的迅猛发展是冷战后国际机制自身所体现出的一大特点。目前，国际经济机制的构建取得了举世瞩目的巨大成就，对世界经济的发展和平稳运行起到了积极的协调和规范作用。[1]冷战后的中国经济发展迅速，需要进一步融入世界经济体系。

1. 融入以世界贸易组织为主的市场机制。冷战后，中国国内经济与国际市场融合的加快，世界经济的发展越来越需要中国的参与，而中国的发

---

[1] 刘杰：《中国参与国际机制的理论与实践》，载《毛泽东邓小平理论研究》2003年第4期，第80页。

展也越来越离不开世界。鉴于世贸组织在国际经济中的地位和作用，中国政府早在1986年就提出了重返关贸总协定的申请；1995年，世贸组织总理事会决定接纳中国为观察员。之后，中国为加入世贸组织付出了巨大的努力，在坚持权力与义务相平衡的原则下，中国先后与世贸组织的36个主要成员国进行了长达15年的艰苦谈判。2001年12月11日，中国正式加入世贸组织，成为世贸组织的第143个成员。加入世贸组织有利于中国直接参与21世纪国际经济贸易相关规则的制定和决策，从而改变过去被动接受别人制定规则的不利状况，在机制内部维护权益，实现国家利益。

2. 融入并推动区域经济一体化进程。冷战后，中国顺应国际经济发展潮流，积极融入并推动区域经济一体化的发展进程。首先，对亚太经合组织（APEC）的融入与推动。自中国加入APEC近20年来，中国从发展中国家立场出发，积极参与APEC的贸易投资自由化运动，推动成员国的经济技术合作，在取得令人瞩目的经济成就的同时，也为推动区域经济增长和稳定地区经济作出了积极贡献。其次，在东亚，中国的积极行动也成效显著。在积极推动中日韩合作的同时，中国还注重加强同东盟发展相互关系。2002年中国—东盟第六次领导人会议上，双方签署协议决定2010年建立中国—东盟自由贸易区。2010年1月1日自由贸易区正式全面启动。

（三）国际安全机制

在积极参与并融入国际政治和经济机制的同时，从维护国家安全、地区稳定和促进世界和平的角度出发，中国在国际安全机制上的参与力度也前所未有。

首先，在全球层面上，中国积极支持与参与联合国维和机制。中国参与联合国维和行动的程度是在不断加深的，特别是进入新世纪后，中国的参与次数和规模都明显地超过了先前。中国不仅自己支持联合国维和机制，也呼吁世界各国重视联合国维和机制。从1998年8月中国参与联合国塞拉利昂观察团开始，中国对国际安全机制的参与程度逐渐向更深层次和更广范围扩展。除联合国塞拉利昂观察团外，中国还参与了联合国东帝汶过渡当局、联合国埃厄特派团、联合国波黑特派团、联合国刚果（金）特派团、联合国东帝汶支助团等国际安全行动。总之，中国参与联合国维和机制的二十多年虽然时间不长，但却意义重大。中国积极融入作为国际安全机制主要构成部分的联合国维和机制，充分向世界展示了中国不避讳本国责任、积极履行国际义务的决心。更为重要的是，正是在中国参与联合国维和行动的过程中，中国"负责任大国"的形象逐步确立，有力回击了"中国威胁论"。

除了参与联合国维和机制外，中国还根据冷战后国际局势的变化，深化了对核武器和核战略的认识，积极响应国际社会的呼吁，参与了核不扩散机制。1992 年，中国加入了《核不扩散条约》。1996 年，中国加入《全面禁止核试验条约》，向国际社会承诺出口原子能核技术仅限于和平利用，促进了国际核不扩散机制的完善和健全。中国积极推动核裁军，是唯一宣布不首先使用核武器的国家。

其次，在地区安全方面，为应对苏联解体和冷战结束对地区形势造成的影响，中国联合俄罗斯与中亚国家在上海签署了关于在边境地区相互裁减军事力量的协定，建立起了相互信任的安全机制。2001 年，"上海合作组织"在"五国机制"的基础上成立，经过 21 世纪最初十年的发展，上合组织已成为该地区安全与稳定的主要机制。

除了军事、政治、经济和安全等方面的机制外，中国还在环境、卫生、跨国犯罪等方面积极参与和融入各类国际机制。总之，冷战后的中国不仅已经全面、深入地参与并融入到了各类国际机制之中，而且积极阐述自己的主张，提出更多的建议，也承担了更大的责任。在此过程中，中国的良好国际形象得以树立。

四、中国参与国际机制的路径与方略

（一）继续坚持积极参与国际机制的战略

历史实践证明，选择置身事外，做国际机制挑战者是得不偿失的；而选择消极参与的方式也是行不通的，因为中国现在和长远的战略利益和目标都不允许中国在国际机制中的消极作为；当前面临的战略机遇期，中国也绝对不能再次错过，必须抓住时机，全面融入国际社会。中国应继续冷战结束以来积极融入国际机制的过程，创造和平、有利的国际环境，以服务于中国未来发展的总体谋划；促进国际机制向公正合理的方向发展，使之有利于广大发展中国家的利益发展，特别是中国自身的利益发展。

（二）在国际机制的平台上促进和平发展

在国际政治机制方面，中国应继续支持联合国的各项工作，维护联合国宪章宗旨和原则，在国际社会中倡导民主、和睦、协作和共赢的精神，在国际交往中恪守国际法和公认的国际关系准则，继续促进国际关系民主化；在国际经济机制方面，继续致力于推动世界经济持续稳定增长，在实现中国国家利益的同时，兼顾各国特别是广大发展中国家的正当利益，推动完善国际贸易和金融机制，维护国家能源安全和海外利益；在国际安全机制上，积极参与并与各国展开充分交流，倡导新安全观，为中国创造良好的周边和国家环境。

坚持和平发展战略，还应积极树立负责任大国的形象，承担相应的国际责任。这就要求中国在国际机制中应该发挥更为建设性的作用，在利益相关和能力范围内，通过国际机制争取更多的参与重大国际问题的讨论和协商，更多地参与与世界各国人民共同利益密切相关的问题的处理。对待国际机制中的不合理现象，中国应该摒弃一味指责的做法，而是要通过建设性地参与，循序渐进地对国际机制的相关规则加以影响和改进，使其逐渐向更为公正合理的方向发展。

（三）立足亚洲并积极发挥在区域性国际机制中的作用

东亚地区是中国政治、经济、安全和文化利益比较集中的地区，但是东亚各国却在这些方面的一体化程度很低，因此，今后相当长一段时期内，一体化将是东亚地区整合的重要目标之一。在中国和东盟的努力下，东亚合作现在正呈现良好发展势头，无论是在"10＋1"还是"10＋3"中，中国都是重要角色。但是，东亚地区仍然存在许多问题，南海争端、台湾问题、朝核问题等悬而未决，再加上东亚实力最强的中日韩三国之间短期内难以达成共识，都为东亚一体化造成了障碍。对此，中国应该有足够的耐心和智慧，坚持"求同存异"和"互利共赢"，妥善处理各种摩擦和矛盾，倡导东亚的团结和互助，争取在东亚一体化的进程上发挥主导作用。

附录一　中国领事保护和协助指南（新）

2011 年 11 月 22 日

第一部分：出国前特别提醒

一、登录外交部网站和中国领事服务网，查询中国各驻外使、领馆的联系方式以及相关旅行提醒、警告等海外安全信息。若目的地国与我国无外交关系，则可了解其周边国家的中国使、领馆的地址与电话，以便就近求助。

二、检查护照有效期（剩余有效期一般应在一年以上），以免因护照有效期不足影响申请签证，或在国外期间因护照过期影响行程。

三、办妥目的地国签证。确保自己已取得目的地国的入境签证和经停国家的过境签证，签证种类与出国目的相符，签证的有效期和停留期与出行计划一致。但需要注意的是，根据国际惯例，即使您已取得一国签证，该国也有权拒绝您入境而无需说明理由。

四、核对机（车、船）票。仔细核对票面上所显示的登机（车、船）时间、地点以及联程票的前后衔接是否正确。

五、了解您的旅行目的地国。尽可能收集目的地国的风土人情、气候情况、治安状况、艾滋病、流行病疫情、法律法规等信息，并采取相关预防措施。

六、购买必要的人身安全和医疗等方面保险。您将要面对国外陌生的环境，存在一些安全方面的隐患，而国外医药等费用普遍较高，建议您选择合适的险种，以防万一。

七、进行必要的预防接种，并随身携带接种证明（俗称"黄皮书"）。

八、有条件的话，最好做一次全面体检。

九、严禁携带毒品、国际禁运物品、受保护动植物制品及前往国禁止携带的其他物品等出入境。

十、慎重选择携带个人药品。许多国家对药品入境有严格规定，为减少不必要的麻烦，出国前应了解有关国家的海关规定，在允许的范围内选择所携药品的品种和数量。

十一、如因治疗自身疾病必须携带某些药品时，应请医生开具处方，并备齐药品的外文说明书和购药发票。

十二、注意目的地国海关在食品、动植物制品、外汇等方面的入境限制。如携带大额现金，必须按规定向海关申报。切勿为陌生人携带行李或物品。

十三、与家人和朋友保持联系。出国前应给家人或朋友留下一份出行计划日程，约定好联络方式。建议您在护照上详细写明家人或朋友的地址、电话号码，以备紧急情况下有关部门能够及时与他们取得联系。护照、签证、身份证应复印，一份留在家中，一份随身携带，还要准备几张护照相片，以备不时之需。

十四、尊重当地风俗习惯，遵守当地法律规定，注意交通安全（在实行靠左行驶的国家应尤其注意）。

十五、严格按照签证或居留许可上允许的时间在有关国家停留。

第二部分：出国后特别提醒

一、如您需在国外停留较长时间或所在国局势不稳，建议您在中国驻当地使、领馆进行公民登记，以便出现紧急情况时，使、领馆能及时与您取得联系。

二、注意防盗、防骗、防诈、防抢、防打。在住处不要给陌生人开门；不要让小孩告诉陌生人父母不在家；出门时尽量不要随身携带贵重物品或大量现金，也不要在居住地存放大量现金；不要在私车的明处摆放贵重物品，如车胎被扎，修车时务必要先锁好车门；不要将文件、钱包、护照等重要物品放在易被利器划开的塑料袋中；不要在黑暗处招呼出租车；不要轻易让陌生人搭乘您的车；不要和陌生人一起行走；在公共场合要表现平静，不要大声说话，避免突出自己；不要在公共场所参与他人的争吵；不要在街上乱捡东西，以防被敲诈；不要在黑市上换汇；如警察检查您的护照等证件，应先请他出示证件，记下他的警牌号、警车号；交罚款时不要当街交给警察，而要凭罚款单交到银行等指定地点。

三、如发生被抢、被盗、被骗或被打事件，应立即向当地警方报案，并要求其出具报警证明，以便日后办理保险理赔、证件补发等手续。

四、留意当地报纸、电视等媒体信息，了解当地政治、经济、社会形势，与邻为善，入乡随俗，尽快适应当地生活，融入当地社会。

五、您的合法权益受到侵害时，应循正当途径解决，不要采取贿赂等不合法方式。

六、熟记当地火、警、急救等应急电话。

七、照顾好自己的身体。注意在外饮食健康，尽量避免吃未煮熟的食物或喝未煮开的水（除正规密封矿泉水）；切勿前往疫区、辐射区、赌博、色情等场所。

八、通过电话或电子邮件等与家人或朋友保持正常联络，以免亲友担忧。

第三部分：领事官员可以为您做什么

一、当您的合法权益在所在国受到侵害，或与他人发生民事纠纷，或涉及刑事案件，中国驻外使、领馆可以应您的请求推荐律师、翻译和医生，帮助您进行诉讼或寻求医疗救助。

二、可以在所在国发生重大突发事件时，为您撤离危险地区提供咨询和必要的协助。

三、可以在您被拘留、逮捕或服刑时，根据您的请求进行探视。

四、可以在您遭遇意外时，协助您将事故或损伤情况通知国内亲属。

五、可以在您遇到生计困难时，协助您与国内亲属联系，以便及时解决费用问题。

六、可以协助您寻找失踪或久无音讯的亲友。您提出请求时须提供被寻人员的详细信息。

七、可以根据中华人民共和国有关法律和法规为在国外合法居留的中国公民颁发、换发、补发旅行证件及对旅行证件上的相关资料办理加注。

八、可以为遗失旅行证件或无证件的中国公民签发旅行证或回国证明。

九、可以根据中华人民共和国有关法律、法规和相关国际条约为中国公民办理有关文件的公证、认证；在与所在国的法律规章不相抵触的情况下办理中国公民间的婚姻登记手续（注：不能直接认证中国国内公证机关出具的公证书，也不能为中国国内有关机关出具的其他证书或文书办理公证）。

第四部分：领事官员不可以为您做什么

一、不可以为您申办签证。

二、不可以为您在当地谋职或申办居留证、工作许可证。

三、不可以干预所在国的司法或行政行为。

四、不可以参与仲裁或解决您与他人的经济、劳资和其他民事纠纷。

五、不可以替您提出法律诉讼。

六、不可以帮助您在治疗、拘留或监禁期间获得比当地人更佳的待遇。

七、不可以为您支付酒店、律师、翻译、医疗及旅行（机、船、车票）费用或任何其他费用。

八、不可以将您留宿在使、领馆内或为您保管行李物品。

九、不可以为您购买免税物品。

第五部分：寻求领事保护的常见问题

一、什么是领事保护？

领事保护是指中国公民、法人的合法权益在所在国受到侵害时，中国驻当地使、领馆依法向驻在国有关当局反映有关要求，敦促对方依法公正、妥善处理，从而维护海外中国公民、法人的合法权益。

实施领事保护的主体是政府，在国外是驻外使领馆。中国目前有 260 多个驻外使领馆，他们都是实施领事保护的主体。

领事保护的内容是海外中国公民、法人在海外的合法权益。合法权益主要包括：人身安全、财产安全、合法居留权、合法就业权、法定社会福利、人道主义待遇等，以及当事人与我国驻当地使领馆保持正常联系的权利。

领事保护的方式主要是依法依规，向驻在国反映有关要求，敦促公平、公正、妥善地处理。依据的法规，主要包括公认的国际法原则、有关国际公约、双边条约或协定以及中国和驻在国的有关法律。

二、什么人可以得到中国政府的领事保护？

凡是依照《中华人民共和国国籍法》具有中国国籍者，都可以得到中国政府的领事保护。也就是说，只要您是中国公民，无论是定居国外的华侨，还是临时出国的旅行者；无论是大陆居民，还是香港、澳门和台湾同胞，都是我们提供领事保护的对象。

（一）《全国人民代表大会常务委员会关于〈中华人民共和国国籍法〉在香港特别行政区实施的几个问题的解释》的有关内容

1. 凡具有中国血统的香港居民，本人出生在中国领土（含香港）者，以及其他符合《中华人民共和国国籍法》规定的具有中国国籍的条件者，都是中国公民。

2. 所有香港中国同胞，不论其是否持有"英国属土公民护照"或者"英国国民（海外）护照"，都是中国公民。自 1997 年 7 月 1 日起，上述中国公民可继续使用英国政府签发的有效旅行证件去其他国家或地区旅行，但在香港特别行政区和中华人民共和国其他地区不得因持有上述英国旅行证件而享有英国的领事保护的权利。

3. 任何在香港的中国公民，因英国政府的"居英权计划"而获得的英国公民身份，根据《中华人民共和国国籍法》不予承认。这类人仍为中国公民，在香港特别行政区和中华人民共和国其他地区不得享有英国的领事保护的权利。

4. 在外国有居留权的香港特别行政区的中国公民，可使用外国政府签发的有关证件去其他国家或地区旅行，但在香港特别行政区和中华人民共和国其他地区不得因持有上述证件而享有外国领事保护的权利。

5. 香港特别行政区的中国公民的国籍发生变更，可凭有效证件向香港特别行政区受理国籍申请的机关申报。

（二）《全国人民代表大会常务委员会关于〈中华人民共和国国籍法〉在澳门特别行政区实施的几个问题的解释》的有关内容

1. 凡具有中国血统的澳门居民，本人出生在中国领土（含澳门）者，以及其他符合《中华人民共和国国籍法》规定的具有中国国籍的条件者，不论其是否持有葡萄牙旅行证件或身份证件，都是中国公民。凡具有中国血统但又具有葡萄牙血统的澳门特别行政区居民，可根据本人意愿，选择中华人民共和国国籍或葡萄牙共和国国籍。确定其中一种国籍，即不具有另一种国籍。上述澳门特别行政区居民，在选择国籍之前，享有澳门特别行政区基本法规定的权利，但受国籍限制的权利除外。

2. 凡持有葡萄牙旅行证件的澳门中国公民，在澳门特别行政区成立后，可继续使用该证件去其他国家或地区旅行，但在澳门特别行政区和中华人民共和国其他地区不得因持有上述葡萄牙旅行证件而享有葡萄牙的领事保护的权利。

3. 在外国有居留权的澳门特别行政区的中国公民，可使用外国政府签发的有关证件去其他国家或地区旅行，但在澳门特别行政区和中华人民共和国其他地区不得因持有上述证件而享有外国领事保护的权利。

4.在澳门特别行政区成立以前或以后从海外返回澳门的原澳门居民中的中国公民，若变更国籍，可凭有效证件向澳门特别行政区受理国籍申请的机关申报。

三、出国时持中国护照，现已取得居住国国籍，是否还能享有中国驻当地使、领馆的领事保护？

根据《中华人民共和国国籍法》规定，中国不承认中国公民具有双重国籍。定居外国的中国公民，凡自愿加入或取得外国国籍者，即自动丧失中国国籍，因而不再享有中国驻外使、领馆的领事保护。

四、正在办理移民者，是否还能享有中国驻当地使、领馆的领事保护？

正在办理移民手续者，在手续完结、国籍变更之前仍是中国公民，是我们提供领事保护的对象。

五、中国公民在何种情况下可以获得领事保护？

根据《维也纳领事关系公约》第五条规定：领事职务包括"于国际法许可之限度内，在接受国内保护派遣国及其国民——个人与法人之利益"、"帮助及协助派遣国国民——个人与法人"等。也就是说，中国公民在其他国家境内的行为主要受国际法及所在国当地法律约束。一旦中国公民（包括触犯当地法律的中国籍公民）在当地所享有的合法权益受到侵害，中国驻外使、领馆有责任在国际法及当地法律允许的范围内实施领事保护。

六、中国公民怎样能获得中国政府的领事保护？在寻求领事保护时应注意些什么？

作为中国公民，如果您的合法权益在所在国受到侵害，或遭遇不测需要救助，您可以就近联系中国驻外使、领馆，反映情况和有关要求。使领馆将在工作职责范围内向您提供领事保护和协助。

权利和义务不可分离。对海外中国公民而言，每位公民都有寻求和获得领事保护的权利，但也应承担相应义务和法律责任。主要有：

1. 要求中国驻外使、领馆实施领事保护时，必须提供真实信息，不能作虚假陈述。

2. 在主观上有接受领事保护的意愿。使领馆在实施领事保护时必须遵循当事人自愿原则，充分尊重当事人的意愿。

3. 要求不超出所在国国民待遇水平。使领馆在实施领事保护时必须遵循国民待遇原则，可以保障当事人获得与当地人平等的对待，但不能帮助获得更好的待遇。

4. 不能干扰外交部或驻外使、领馆的正常办公，应尊重外交、领事官员。

5. 依法交纳办理各种证件、手续的相关费用。

6. 严格遵守当地和中国的有关法律法规。

七、当您或您家人所在国家发生恐怖袭击、严重自然灾害、政治动乱等紧急情况时，应如何寻求领事保护？

1. 您应立即与就近的中国驻该国使、领馆取得联系，以获得最新相关信息并进行注册登记。如您家人与您失去联系，请您立即与中国驻当地使领馆取得联系，以获得最新相关信息，并提供您家人详细个人信息和联系方式等，以便使领馆协助查找。使、领馆将在必要及可能时协助中国公民（含死伤人员）撤离危险区域（不一定是回国）。

2. 您应保留好自己的重要证件和记录，包括护照、出入境记录、保险和银行记录等，并放在安全可靠的地方。

3. 您应检查护照、签证是否有效，如需更新护照请即到使、领馆办理。

4. 您应将存放家中或随身携带的重要证件和资料双备份，以防万一。同时要保证自己驾驶的汽车安全及行驶正常，并储备必要的食品和药品。

5.不要消极等待。如尚有安全方式离开，应立即行动。

八、当您在海外发生交通、工伤等事故时，如何处理？

如您在海外遇到交通或工伤事故,应立即向当地警方报案或通知雇主,并要求通知您的亲友或中国驻该国使、领馆。您可要求领事官员敦促所在国当局惩办肇事者，或协助您通过法律途径或向保险公司（如您已投保）争取赔偿。

九、当您在海外受到犯罪分子侵害(包括性侵害)时,该怎么办?

您应立即向当地警方报告，并索要一份警察报告复印件。您还应当与律师或医生（如需就医）联系，也可向中国驻当地使、领馆反映情况。领事官员可以向您提供以下帮助：安排适当人员（如有性别要求）听取您的受害情况并承诺保护您的个人隐私；敦促警方尽快破案；了解案件进展情况；向您提供律师和翻译的名单；推荐合适的医院；补发丢失或受损的旅行证件；协助您与家人、朋友或雇主联系；寻求当地社会救助。但是，领事官员不能调查案件，不能代替您出庭，不能充当翻译，也不能替您支付律师费、医疗费或其他相关费用。

十、当您在居住国被羁押或监禁时，该怎么办?

您有权要求面见中国使、领馆领事官员。领事官员将根据您的请求前往探视，并保护您的合法权益，如人道待遇、公平待遇等。领事官员还可以帮助您与亲友取得联系，向您提供当地律师名单。但是，领事官员不能干涉当地法律程序，不能出面替您进行诉讼。

十一、当您在居住国受到雇主不公正对待或工资被雇主无故拖欠时，如何处理？

您应当依据合同及当地有关法规与雇主协商解决。如协商未果，您可向当地法院提起诉讼。您可同时请求领事官员为您提供当地律师、翻译名单。领事官员将会向您介绍所在国一般的法律信息。

十二、当您持有效护照及签证在目的地国入境、出境或过境受阻时，如何寻求帮助？

您首先应向当地主管部门如实说明入出境或过境事由，同时了解受阻原因。如您不懂当地语言，有权要求对方提供翻译服务。如果您的请求仍然得不到有关部门的回应，可要求与中国驻当地使、领馆联系，寻求帮助。使、领馆领事官员将向有关当局了解情况，视情反映您的要求，或进行必要交涉，但不能保证您一定会被放行。如交涉未果，您应理智接受当地主管部门的决定；如确系受到对方不公正对待，要注意收集和保存证据，以便日后诉诸法律解决。

十三、当您非法进入或滞留他国，既无有效证件，也无经济来源时，如何办理回国手续？

您应向中国驻当地使、领馆如实报告本人真实、详细情况，包括姓名、出生日期、出生地、职业、家庭住址、联系电话、非法出境或滞留经过等。待您的原居住地公安机关核实、确认您的身份，且您的家属已垫付您的回国费用后，领事官员可为您颁发回国旅行证件并协助购买回国机（车、船）票。

十四、当您的中国护照在海外遗失、被偷或被抢时，怎么办？

请您即向当地警察部门报案，以便您向当地移民局申请出境签证时备用，同时持本人有关身份材料及其复印件和照片到就近的中国驻当地使、领馆申请补发护照或旅行证，以供回国使用。我们提请您注意：买卖、转让、伪/变造、故意损毁中国护照是违法行为，涉案人将承担相关法律责任。

十五、当您在海外遇到经济困难时，能寻求使、领馆帮助吗？

中国公民在国外的费用应由自己负责解决。如果您因被盗、被抢等原因出现暂时经济困难，可以与中国驻当地使、领馆联系，让家人通过使、领馆汇钱，或通过外交部转交。

十六、当您家人在海外死亡时，如何处理？

1. 您可通过领事官员或亲友了解家人死亡原因和遗物（遗嘱）情况，并从当地有关部门获得死亡证明书等证明文件。中国驻当地使、领馆可应您请求对上述证明文件办理认证。领事官员不能调查死亡原因。如您对死因有疑问，可聘请当地律师向当地司法部门提出，请其作出合理解释或重新进行调查；亦可请领事官员协助向当地政府有关部门转交您的书面意见，请其对您的意见予以关注或将您的意见转达给当地司法机关。

2. 如死亡涉及刑事案件并已在当地提起诉讼，您应聘请律师，密切跟踪庭审情况，同时可请领事官员协助关注案件，并在法律许可的情况下旁听庭审。如您对庭审情况或判决结果不满，您可请律师协助上诉，同时也可通过领事官员协助向当地有关部门转达您的意见。但是，领事官员不能调查案件，也不能代替您出庭。

3. 您可要求前往当地处理有关善后事宜，但一切费用（含国际旅费、食宿及市内交通费）须自理；赴有关国家的签证、宾馆预订、接送等手续须自行办理，亦可请有资质的旅行社协助；在国外如需翻译，使、领馆可推荐，但费用须自理。

4. 如果您因故（如被拒签、无足够旅费等）不能前往当地处理后事，可委托在当地的亲友代办遗体火化、骨灰和遗物送回等事宜；如当地主管部门要求，您应提供经国内公证机关公证并经外交部（或其授权的地方外办）以及有关国家驻华使、领馆认证的授权委托书。如当地法律法规允许，亦可委托领事官员代为处理上述事宜（费用需自理），但您应事先提供经国内公证机关公证并经外交部或其授权的地方外办认证的授权委托书。

5. 如果您希望将遗体运回国，中国驻当地使、领馆可向您提供办理运送遗体事务的公司名单。运送遗体的费用很高，需要自行筹集。

6. 由于国外法律环境不同，如家属长期不处理遗体，不仅无助于问题解决，当地有关部门还可能根据当地法律规定，在一定期限内将遗体进行埋葬或火化。

7. 死亡案件的处理时间可能很长，在这种情况下，您应聘请当地律师跟踪处理。中国驻当地使、领馆只能在职权范围内向您转告当地主管部门所提供的案件处理情况。

十七、当您家人在国外失踪或遭绑架时，如何求助？

应尽快向当地警方报案。您也可向中国驻当地使、领馆报告有关情况，包括失踪或被绑架者姓名、性别、年龄、职业、相貌特征和在国外住址等并寻求协助。领事官员将根据您的要求请所在国有关当局寻找失踪者或解救被绑架者。

十八、当您或您家人在国外突发重病或精神病，如何求助？

当您或您家人在国外突发重病或精神病，应迅速拨打当地急救电话，前往当地医院治疗。中国驻当地使领馆可以协助提供当地医院名单；可协助通知国内家属或单位。如您或您家人要回国治疗，经当地医院及有关航空公司同意，使领馆可协助联系航空公司和陪护人员予以关照。您应承担机票及陪护等相关费用。

十九、当您与在国外的家人长期失去联系时，可以请中国驻当地使、领馆协助寻找他们的下落吗？

如果您已通过各种途径长期无法联系上您在国外的家人，中国驻当地的使、领馆可以在力所能及的情况下提供协助。目前中国政府没有强制要求所有海外公民到中国驻外使、领馆进行公民登记，再加上他们的工作、住址和电话常有变动，因此，中国驻外使、领馆协助寻亲工作十分费时费力，常常无功而返。有时，即使找到您家人，他（她）本人却不愿与您联系。在这种情况下，领事官员可以为您传递一些信息，或在征得您亲友同意的情况下将其联络方式转告给您。

二十、中国驻外使、领馆是否可以解决海外中国公民遇到的一切困难？

为海外中国公民提供领事保护和协助是中国驻外使领馆应尽的义务。领事保护应该在有关国际法、驻在国和中国的法律框架内进行。中国驻外使领馆是国家的外交代表机构，在驻在国没有行政和司法权力，不能使用强制手段，不能代替个人主张其权利，只能通过外交途径敦促驻在国依法、公正、公平处理有关案件。使领馆积极协助当事人维护合法权益，但不能超越领事职务的权限。

二十一、中国驻外使领馆可否替求助公民支付一切费用？

如果因被盗、被抢等原因出现暂时经济困难，公民首先应通过个人汇款等商业方式解决。如接收汇款有困难，可与中国驻当地使、领馆联系，让家人通过使、领馆汇款。如求助公民无法及时得到亲朋救助，中国驻外使、领馆可以提供小额资助，为当事人提供短期食宿或购买机票回国。受助中国公民须签署"还款保证书"并提供国内还款人有效联系方式，回国后及时向外交部或驻外使、领馆归还借款。

第六部分 文明出行 平安常在

一、文明社交

（一）相互尊重

以良好的修养，展现自尊自信。热情坦诚、以礼相待，在友善待人的同时赢得他人的尊重。

（二）真诚相待

诚实守信，表里如一。以真诚为纽带，促进人与人间信息传递、情感交流、思想沟通。

（三）宽容大度

心胸豁达，宽以待人。多为他人着想，体谅他人难处。

（四）严于律己

交往中清楚自己该做什么，不该做什么，己所不欲，勿施于人。

（五）把握分寸

以平等的态度对待交往对象，以大方得体、不卑不亢为待人接物尺度。既不必自吹自擂、自我标榜，也不要妄自菲薄、自我贬低、过度谦虚客套。

（六）尊重差异

从不同民族、不同国家的社会文化背景出发，了解其礼仪文化差异，了解具体交往对象的不同风俗习惯、宗教信仰和交往禁忌，并给予尊重。

（七）积极融入

主动与居住地人民交流，对居住地的风俗习惯尽量做到入乡随俗，积极融入当地社会，拓宽平安、和谐发展空间。

（八）心系祖国

爱国情怀历久弥新，民族自尊心、自豪感永存心间。不做有辱国格的事，不说有辱国格的话。弘扬中华民族优秀文化，做文明中国人，从日常做起，日积月累，形成习惯。

二、文明举止

（一）讲究仪容仪表

不在公共场合脱去鞋袜、袒胸赤膊，不毫无掩饰地剔牙。不在卧室以外穿着睡衣，不对别人打喷嚏，不在妇女和儿童面前吸烟，不把烟雾喷向他人。

（二）注重个人修养

不语言粗俗，出口成脏，恶语伤人。礼让老弱病残，礼让女士。尊重服务人员劳动。不长时间独占公共设施。不强行与他人合影。

（三）遵守公共秩序

不在公共场所呼朋唤友、猜拳行令、扎堆吵闹，或高声接打电话。排队时不跨越黄线，不插队加塞。乘坐交通工具时不争抢拥挤。

（四）尊重风俗习惯

不在教堂、寺庙等宗教场所嬉戏、玩笑。与人谈话应避免问及年龄婚否、收入财务、信仰情感等个人私密情况。在穆斯林国家，女士不宜着装暴露。

（五）爱护公共设施

不损坏公共设施，不踩踏绿地，不摘折花木和果实。不在文物古迹上刻涂，不攀爬触摸文物。

（六）遵守公共规定

不在公共场所和禁烟区吸烟。不在禁止拍照的地区拍照留念。

（七）维护环境卫生

不乱扔垃圾、废弃物，乱倒污水。不随地吐痰、擤鼻涕、丢烟头、吐口香糖。上厕所后冲水。

（八）讲究环保节约

节约用水用电。吃自助餐时一次取食不要太多，吃完后再适量取用，避免在面前摆放多个盛满食物的餐盘，避免浪费。

（九）奉行健康娱乐

拒绝参与色情、赌博活动，拒绝吸食毒品。

三、企业文明

（一）树立风险意识

及时跟进世界经济发展趋势，全面了解所在国社会、经济、法制环境，通盘研究企业经营、人员安全面临的困难和风险，建立有效的风险防范、控制机制，确保经营顺利、人员安全。

（二）明确安全成本

保证人员、财产安全是企业海外经营的头等大事，安全成本是企业运营成本的一部分。应根据当地实际情况，制定落实安全措施，定期排查安全隐患，进行安全教育培训，并为员工购买人身意外及医疗保险。

（三）坚持守法经营

注重企业长远利益，坚持守法发展，摒弃违法短视行为。

牢固合法用工理念，为外派员工办理与其身份相符的签证、居留手续，保障劳动者根本权益。

（四）履行社会责任

正确把握企业发展和回馈社会的关系，重视履行企业社会责任，坚持有取有予的企业发展道路，注重环境保护，兼顾当地利益，发展当地就业，尊重、善待当地雇员。

（五）提倡诚实守信

坚守商业道德，远离坑蒙欺骗、尔虞我诈。加强中资企业间团结，避免竞相"杀价"、相互拆台。发生纠纷，应要求员工保持克制，采取措施避免激化矛盾，充分利用法律武器维护企业和员工合法权益，并及时与驻外使、领馆取得联系。

（六）共建和谐世界

广交朋友，增进友谊，努力扩大与当地社会的利益交汇点。加深互信、共同发展、互利共赢，拓宽企业和谐发展空间，共享平安与繁荣。

附录二 中国企业海外安全风险防范指南（新）

2011 年 11 月 22 日

一、组织领导

（一）树立风险和责任意识

牢固树立"以人为本、员工生命安全高于一切"的观念，严格落实安全责任制。境外企业要把员工的安全保护工作视为保证项目顺利进行的前提，坚持"谁主管谁负责，谁用工谁负责"的工作原则，亲自策划、完善措施、落实责任、严格考核、兑现奖惩。

（二）健全管理体制

切实构建企业总部——直属单位——境外机构三级 海外安全风险防范工作管理体系，做到前后方无缝对接、国内外分级管控。企业总部、直属单位成立相应级别的应急指挥中心，明确部门统筹负责海外安全风险防范工作。境外机构具体开展安全管理工作，制订实施细则，落实安全责任制和防范措施。实施境外项目总承包的企业，应将所有分包单位的相关境外机构和人员纳入统一管理体系。

（三）完善制度建设

结合企业实际，制订完整、可操作性强、分层分级的海外安全风险防范工作规章制度，建立境外安全突发事件应急处置机制，制订并逐步完善应急预案，层层落实，严格执行，加强对海外安全风险的识别、规避、处理、善后等全过程管理，全力打造海外安全风险防范的完整链条，实现海外项目安全管理的制度化和体系化。

（四）加强境外党建

重视境外基层党组织建设，努力抓好海外项目和机构党建工作，提升党组织的创造力、凝聚力和战斗力。把海外安全风险防范纳入海外党建工作，并作为其重要内容，充分发挥党组织的战斗堡垒作用和党员的先锋模范作用，为海外安全风险防范工作提供有力保障。

二、员工选派和雇用

（一）严格甄选外派员工

坚持严格把关，优先选择政治素质较高、业务素质过硬、个人道德品质较好的员工赴海外工作，避免因员工个人问题引发不必要的安全风险。

（二）坚持属地化经营

尽量提高海外项目当地员工的雇用比例，加强对当地雇用员工的培训和管理，提高其工作技能和业务水平，尽可能减少外派员工数量，最大限度降低海外安全风险。

（三）规范雇用当地员工

推行属地化经营的同时，充分利用当地政府或第三方资源建立当地员工雇用审查制度，避免将一些不稳定因素引入项目工地，酿成中外员工间纠纷甚至群体性事件。同时要与当地雇用员工依法签订有关劳动合同，明确各自权利义务，避免日后产生劳资纠纷。

三、安全培训

（一）出国前集中培训

将外派员工出国前培训作为一项硬性指标加以落实，通过外包、出国培训、专业机构培训等方式，针对公司海外项目和机构负责人、境外安保工作负责人、专职安保人员和普通外派员工的不同岗位要求，对其进行全覆盖、针对性培训，提高安全防范意识和能力，增强安全管理综合能力，切实落实"不培训、不派出"制度。实行境外项目总包合同的企业，应对参与合作的分包单位境外安全教育和培训工作负总责。

（二）出国后日常培训

企业要将员工派出后的安全培训作为一项日常工作，常抓不懈。结合项目周边风险和自身实践经验，编制海外安全防范工作培训手册，定期和适时组织学习，督促员工不断提高自身安全防范意识和能力。将境外日常安全培训工作纳入境外管理条例，列入员工测评和考核范围，不论何人，都要严格执行入场安全教育；建立培训内容、考勤档案，保证全员覆盖；定期回顾注意事项和安全风险事件，增强安全意识。

（三）应急预案的制定和演练

针对境外机构所在地安全风险状况，以"用得上、行得通、靠得住"为标准制订企业境外安全突发事件应急预案，并定期组织员工就预案内容进行演练，根据实际情况不断加以改进和完善。

四、风险评估

（一）立项评估

坚持对境外项目承揽和机构设立进行风险评估审查，实行安全风险一票否决制，切实做到"不评估、不立项"。尤其对高风险国家和地区设立的机构、项目，应事先聘请专业安全机构进行安全风险评估，并征求国内有关部门及相关驻外使领馆的意见，避免因盲目立项而自陷险地。

（二）安全成本评估

企业要在立项前对项目安全成本进行核算，将安全投入纳入项目预算，将安全保障内容作为专门条款纳入项目合同或正式书面文件。对于承包工程和外派劳务项目，要在合同中明确业主有义务采取一切必要措施保护企业施工人员的人身安全和正常施工秩序。

（三）风险动态评估

企业境外项目和机构要提高风险意识，密切跟踪、积极研判所在国和地区的安全形势，增强分析判断能力和风险识别能力。加强对正在执行项目所在国和地区政治、经济、法律、风俗等方面的研究，对可能存在的风险进行动态评估。

（四）信息渠道建设

通过多种信息渠道，加强信息收集和预警。依靠驻外使领馆、当地政府、军方、中外方合作伙伴和媒体做好信息收集工作；其次可以与国际性专业安保机构或组织合作，充分利用外部资源；各境外机构应根据所在地风险情况，实行相应的安全报告制度，及时向国内和驻外使领馆报告项目及人员安全情况。

五、安全软环境建设

（一）坚持守法经营

注意维护国家和企业形象，注重企业长远利益，聘请法律顾问，了解并遵守当地法律法规，摒弃违法短视行为。避免出现因手续不全、经营不规范甚至违规违法而导致海外安全风险上升的情况。

（二）履行社会责任

正确把握企业发展和回馈社会的关系，坚持经济效益和社会效益并重、有取有予的企业发展道路，做好环境保护，促进当地就业，积极参与公益事业。

（三）提倡诚实守信

坚守商业道德，拒绝伪冒假货，杜绝坑蒙欺骗、行贿索贿。加强中资企业间团结，避免恶性竞争、相互拆台。与当地社会群体、个人发生纠纷时，应要求员工保持克制，采取措施避免矛盾激化，充分利用法律武器维护企业和员工合法权益，并及时与驻外使领馆取得联系。

（四）融入当地社会

了解、尊重当地习俗，加强与当地社会的跨文化沟通交流，注重做好宣传工作，提高外籍员工忠诚度，建立信任感，使当地社会切实感受到我企业投资经营为当地带来的"红利"，使其自发自愿成为我企业在当地的"安全信息通报员"和"保护者"。

（五）重视宣传交流

加强与所在国政府、工会组织等有关社会团体及当地媒体的沟通交流，多宣传企业为促进当地社会经济发展所做贡献，争取当地各界对企业的理解和支持。注意防控舆论风险，对涉及企业的不实负面报道，要及时通过媒体澄清、说明。

（六）共建和谐世界

广交朋友，增进友谊，维护不同种族、不同民族之间的友好关系，努力扩大与当地社会的利益交汇点，塑造利益共同体，加深互信、共同发展、互利共赢，拓宽企业和谐发展空间，共享平安与繁荣。

六、安保硬件投入

（一）规范营地建设

制订境外机构营地建设标准，根据实际风险情况配备必要的安全保卫设施，雇用当地保安或武装警察，以增强安全防护能力，提高安全防护水平，同时为应对各种突发状况确定安全可靠的疏散方案。

（二）应急资源保障

储备急救药品、人员转移和撤离所需的交通工具、手电、地图、指南针、足够至少 15 日使用的食物和饮用水等应急物资和资金。加大对通信设备的投入，在各驻外机构和项目营地设立 24 小时值班电话，为在通信条件较差、环境恶劣地区的驻外机构和项目营地配备海事卫星电话，确保信息畅通。

（三）人身保险保障

及时为外派员工购买境外安全保险，减少后顾之忧，提高企业和员工的抗风险能力。

（四）借助第三方资源

充分利用安保公司、保险公司、中介机构、国际组织等资源，通过参加保险、外包或成为 SOS 国际救援组织会员等方式，将海外安全风险防范工作交由专业权威机构负责实施和保障，接受 24 小时不间断地安全援助。

七、日常管理

（一）因地制宜加强管理

认真研究并理性看待当地投资环境和经济社会发展水平，在企业管理工作中体现一定灵活性，确保相关管理手段符合当地实际情况，避免因小失大，有条件的地方争取用当地人管理当地人。对于高危国家和地区，各境外机构应充分利用当地资源，设立专职公共安全岗位，聘请所在国富有管理经验的专业人员担任企业公共安全专员。

（二）加强与使领馆及当地有关部门联系

及时到项目或机构所在地驻外使领馆报到登记，并接受使领馆的指导和管理，与使领馆建立固定联系渠道，积极配合使领馆"走访"工作，对于检查过程中发现的问题和隐患要及时改进、排除。同时还要加强与当地政府、军队、警察等部门的联系沟通，出现问题及时通报。

（三）做好内部维稳

确保内部稳定是控制和防范突发安全事件的关键环节。企业各驻外机构、项目负责人应注重提高员工身体素质，增进团队关系，加强与普通员工的沟通交流，畅通职工群众诉求渠道，及时掌握员工思想动态，了解他们的需求，帮助他们解决实际问题和困难，把问题和矛盾化解在基层，化解在事发之前。

（四）加强员工管理

制订派出人员行为守则，规范驻外人员行为方式，引导和督促员工树立良好文明形象，遵守当地法律法规，尊重当地风俗习惯，与当地雇用员工和谐相处，出现矛盾摩擦冷静处理、理性解决。严格执行高危国家和地区安全规定，员工外出必须经项目领导批准，并由专业安保人员或军警护送，严禁私自外出。建立外派员工紧急联络信息库，包括员工国内亲属的姓名、关系、联系方式等。

（五）妥善处理问题

处理问题时要讲究方式方法，特别是在与当地雇员或民众产生矛盾时，要多借助当地资源，尽量由所在国政府、合作伙伴或企业雇用的当地保安力量解决，全力避免我人员与当地人直接对立，激化矛盾，甚至引发种族冲突。

（六）强化监督检查

建立海外安全风险防范体系效能审计机制，定期对境外项目和机构开展安全风险防范工作的效能进行评估。各驻外机构和项目也要定期自查，查找漏洞、排除隐患。对发现的问题要立即整改，对好的经验要加以总结推广。

八、应急处置

（一）反应迅速

企业要建立并不断健全境外机构突发事件应急响应机制，境外机构一线负责人要不断提高安全敏感性。境外安全形势发生异常时，应及时向驻外使领馆报告。境外突发事件发生时，要立即启动应急机制，向国内有关部门及驻外使领馆报告，报告内容包括：事件涉及单位或项目情况，事件发生时间、地点及现场情况；事件简要经过及原因初步判断；事件已经造成或可能造成的伤亡人数（包括失踪人数）、人员姓名、籍贯、国内联系单位、家属联系方式；初步估计的直接经济损失；已经采取的措施等。

（二）听从指挥

发生境外突发安全事件时，相关企业要在国内有关部门及驻外使领馆的统一指导协调下开展相关工作，切忌发生"不听招呼"、各自为战的现象。

（三）组织有序

发生境外突发安全事件时，企业要充分发挥项目各级党组织的战斗堡垒作用，做好员工组织工作。尚未成立党组织的境外项目和机构要立即指定各层级负责人，确保员工听从组织领导，避免一盘散沙。必要时，国内总部要迅速派工作组赶赴前方，加强一线组织领导。

（四）自救互救

发生境外突发安全事件时，企业要充分利用当地人脉资源，帮助企业和使领馆搜集信息，并协助企业自保自救。所在国或地区安全形势急剧恶化的情况下，企业在做好自保自救的基础上，还要和附近的其他中资企业一起积极进行互保互救，共同应对安全威胁。

（五）家属安抚

发生境外突发安全事件时，企业要第一时间做好境外员工国内家属的安抚和沟通工作，确保家属情绪稳定，不做出过激行为影响事件处理。

（六）媒体应对

发生境外突发安全事件时，企业要在有关部门和驻外使领馆的指导下做好对外报道工作，正面引导舆论。要统一对外口径，避免各说各话、擅自透露事件处置细节，引起媒体炒作，对事件处理造成干扰。必要时可聘请当地专业公关公司协助应对公共舆论。

主要参考文献

［1］安尼瓦尔·阿木提、张胜旺.石油与国家安全.乌鲁木齐：新疆人民出版社，2003.

［2］李宝俊.当代中国外交概论.北京：中国人民大学出版社，1999.李智.文化外交——一种传播学的解读.北京：北京大学出版社，2005.

［3］鲁毅.外交学概论.北京：世界知识出版社，2004.

［4］倪建中.海洋中国——文明重心东移与国家利益空间.北京：中国国际广播出版社，1997.

［5］倪健民主编.国家能源安全报告.北京：人民出版社，2005.

［6］倪世雄、王义桅主编.中美国家利益比较.北京：时事出版社，2004.

［7］倪世雄.当代西方国际关系理论.上海：复旦大学出版社，2001.

［8］宋新宁、陈岳.国际政治经济学概论.北京：中国人民大学出版社，1999.

［9］孙家正主编.中国文化年鉴（2000）.北京：新华出版社，2001.

［10］童媛春.石油真相.北京：中国经济出版社，2009.

［11］外交部政策研究司主编.中国外交2008.北京：世界知识出版社，2008.

［12］汪段泳、苏长和主编.中国海外利益研究年度报告（2008-2009）.上海：上海人民出版社，2011.

［13］王辉耀.中国留学人才发展报告2009.北京：机械工业出版社，2009.

［14］王泰平主编.新中国外交50年.北京：北京出版社，1999.

［15］吴磊.中国石油安全.北京：中国社会科学出版社，2000；2003.

［16］肖佳灵、唐贤兴主编.大国外交——理论·决策·挑战（上）.北

京：时事出版社，2003.

［17］徐小杰．新世纪的油气地缘政治．北京：社会科学文献出版社，1998.

［18］阎学通．国际政治与中国．北京：北京大学出版社，2005.

［19］阎学通．中国国家利益分析．天津：天津人民出版社，1996.

［20］颜丙峰、宋晓慧．教育中介组织的理论与实践．上海：上海人民出版社，2006.

［21］杨洁勉．大体系——多级多体的新组合．天津：天津人民出版社，2008.

［22］俞可平等主编．中国模式与"北京共识"：超越"华盛顿共识"．北京：社会科学文献出版社，2006.

［23］张桂珍等著．中国对外传播．北京：中国传媒大学出版社，2006.

［24］赵刚、肖欢．国家软实力——超越经济和军事的第三种力量．北京：新世界出版社，2010.

［25］赵可金．公共外交的理论与实践．北京：辞书出版社，2008.

［26］赵英、李海舰．大国之途——21世纪初的中国经济安全．昆明：云南人民出版社，2006.

［27］郑向敏．旅游安全学．北京：中国旅游出版社，2003.

［28］郑羽、庞昌伟．俄罗斯能源外交与中俄油气合作．北京：世界知识出版社，2003.

［29］中共中央文献编辑委员会．邓小平文选（第三卷）．北京：人民出版社，1993.

［30］中国国家统计局．中国统计年鉴2011．北京：中国统计出版社，2011.

［31］中国外文局对外传播研究中心．向世界说明中国——赵启正的沟通艺术．北京：新世界出版社，2006.

［32］［美］傅立民著，刘晓红译．论实力：治国方略与外交艺术．北京：清华大学出版社，2004.

〔33〕〔美〕汉斯·摩根索著，徐昕等译.国家间政治——寻求权力和平的斗争.北京：中国人民公安大学出版社，1990.

〔34〕〔美〕约翰·鲁杰主编，苏长和等译.多边主义.杭州：浙江人民出版社，2003.

〔35〕〔美〕约瑟夫·奈著，吴晓辉、钱程译.软力量：世界政坛成功之道.北京：东方出版社，2005.

〔36〕〔印〕基尚·拉纳著，罗松涛、邱敬译.双边外交.北京：北京大学出版社，2005.

〔37〕陈伟恕.中国海外利益研究的总体视野——一种以实践为主的研究纲要.国际观察，2009，（2）.

〔38〕龚铁鹰.论软权力的维度.世界经济与政治，2007，（9）.

〔39〕厉新建、魏小安.中国旅游保险的改革与创新思考.江西财经大学学报，2008，（4）.

〔40〕刘慧华、徐九仙.中国对外援助中"巧实力"运用的分析.亚非纵横，2010，（1）.

〔41〕刘杰.中国参与国际机制的理论与实践.毛泽东邓小平理论研究，2003，（4）

〔42〕刘增洁、武初国.我国石油安全供应面临的问题.国土资源情报，2005，（10）.

〔43〕周翎.马六甲海峡能源博弈暗潮涌动.国际瞭望，2005，（11）.

〔44〕门洪华、钟飞腾.中国海外利益研究的历程、现状与前瞻.外交评论，2009，（5）.

〔45〕门洪华.国际机制与中国的战略选择.中国社会科学，2001，（2）.

〔46〕苗迎春.中国海外经济利益的维护与拓展.红旗文摘，2011，（8）.

〔47〕彭建梅.华商在南非.商务周刊，2000，（1）.

〔48〕沈讯磊.带你走进南非.国家安全通讯，1999，（9）.

〔49〕宋国友.主权财富基金的兴起与美国金融霸权.现代国际关系，

2007，（9）．

［50］苏德勤、张永欣、黄磊．世界油运市场与中国能源安全．世界海运，2005，（1）．

［51］孙露晞．从国家利益视野下看中国建国以来的对外援助政策．时代金融，2007，（11）．

［52］田春荣.2010年中国石油进出口状况分析.国际石油经济,2011,（3）.

［53］万冰.中国海外投资的风险分析及防范.中国法制社会,2006,（8）.

［54］汪段泳．海外利益实现与保护的国家差异———一项文献综述．国际观察，2009，（2）．

［55］王宏强．论国家利益及其实现途径．国际关系学院学报，2003,（5）.

［56］阎学通、徐进．中美软实力．现代国际关系，2008，（1）．

［57］尹智博、陈列兢．加强国家海上石油通道的安全建设．人民日报内部参阅，2003，（32）．

［58］张抗.南亚—新疆与缅甸—云南油气管线方案的分析.中外能源，2006，11（2）.

［59］赵小平．主权财富基金开展对外投资所面临的外部环境分析．中国流通经济，2008，（12）．

［60］郑启荣、孙洁琬．论世纪之交的中国多边外交．当代中国史研究，2001，（6）．

［61］周力．旅游保险发展中的问题与对策．大连大学学报,2007,（2）.

［62］陈一鸣、黄培昭．中国劳工在海外风险增大，2000万人应该怎样保护.环球时报，2004-06-16（7）.

［63］孟晓驷．锦上添花:"文化外交"的使命.人民日报，2005-11-11.

［64］钱峰．印美想当马六甲警察．环球时报，2002-04-25（2）.

［65］钟乃仪.日本欲领头建亚洲石油共储体系.中国石化报，2003-04-04.

［66］中国领事服务网.http://cs.mfa.gov.cn/lsbh/lbsc/t877276.htm.